1994
2004
ICTY
TPIY

International Criminal Tribunal for the former Yugoslavia
Tribunal Pénal International pour l'ex-Yougoslavie

1994
2004

a UNique decade
une décennie UNique

United Nations
Nations Unies

International Criminal Tribunal
for the former Yugoslavia

Tribunal Pénal International
pour l'ex-Yougoslavie

1994 - 2004
a UNique decade/*une décennie UNique*

A publication of the ICTY's Registry/*Une publication du Greffe du TPIY*
Registrar/*Greffier*: Hans Hothuis
Contents Editor/*Editeur*: Christian Chartier
Graphical Editor/*Conception graphique et maquette*: Leslie Hondebrink-Hermer
Contributors/*Contributeurs*: Kirsten Ely, Mounira El Kalai, Koen van Kooten, Céline Ohnenstetter, Angela Poss, Jennifer Roolf, Catina Tanner.
Translations/*Traductions*: Translation Services/*Services de traduction*, ICTY/*TPIY*
Printed by/*Imprimé par*: Koninklijk de Swart, The Hague, Netherlands

JUN 1 4 2005

Sales Number: E/F.04.III.P.3
ISBN 92-1-056715-3

9 789210 567152

ICTY/*TPIY*
Churchillplein 1, 2517 JW The Hague, Netherlands
www.un.org/icty

Table of contents
Table des matières

A unique decade

It is now ten years since the ICTY issued its first indictment on 7 November 1994, one year after the first eleven judges elected by the General Assembly were sworn in, bringing to life the Security Council resolutions of February and May 1993 which established the Tribunal.

Few expected that these swift initial steps would lead to such a decade, unprecedented in the history of international justice. Since 1993, the International Criminal Tribunal for the former Yugoslavia has built upon the foundations laid long ago by the Nuremberg and Tokyo trials.

The ICTY has covered an impressive distance. The landmarks along its path are set out in the pages which follow: from the rapid adoption of the initial Rules of Procedure and Evidence and the institution of the first investigations by the Office of the Prosecutor to the trial of Slobodan Milošević - the most prominent of the fifty-odd accused tried to date at The Hague - and the design of a strategy for completing its mandate.

We are naturally proud of these achievements. However, we are also very much aware that our efforts can never bring to justice all the many perpetrators of the crimes committed in the former Yugoslavia, nor offer more than imperfect reparation for their appalling consequences. This would be beyond the scope of any court.

Nevertheless, the courage of the thousands of witnesses who have testified before it has helped the Tribunal, trial by trial, methodically and painstakingly, to create a record of crimes, denounce those who believed they could with impunity change the course of history and the map of the Balkans, acknowledge the intolerable suffering endured by families sundered forever, and punish the authors of those crimes.

The Tribunal therefore believes that until it has reached the end of its mission, fugitives at large must be arrested, accused must be tried and trials, wherever they are held, must be exemplary. The difficulties we have overcome in the last decade and the challenges we prepare to face in the next convince us that only justice can help lay the foundations for reconstruction and reconciliation among the peoples of the former Yugoslavia.

The Tribunal's work reaches far beyond the borders of its jurisdiction. The dynamics of international judicial cooperation were set in motion when we opened our doors. This court will bequeath a growing body of jurisprudence which will help to reinforce and develop international law. As we move towards the completion of our mission, we call on the international community and national courts to continue their effort to ensure a future where those guilty of war crimes will not escape justice.

Theodor Meron
President

Carla Del Ponte
Prosecutor

Hans Holthuis
Registrar

Une décennie unique

Cette brochure paraît dix ans après la publication du tout premier acte d'accusation du TPIY, le 7 novembre 1994. Un an auparavant, les onze premiers Juges élus par l'Assemblée générale avaient prêté serment, donnant ainsi vie aux résolutions du Conseil de sécurité qui avaient établi le Tribunal, en février et mai 1993.

Peu se doutaient que cette série de premiers pas rapprochés sonnait les trois coups d'une décennie unique dans l'histoire de la justice internationale. Depuis 1993, le Tribunal Pénal International pour l'ex-Yougoslavie a tracé un sillon profond dans un champ qui était largement resté en jachère depuis les procès de Nuremberg et de Tokyo.

De l'adoption rapide du premier Règlement de procédure et de preuve et de l'ouverture des premières enquêtes par le Bureau du Procureur à la tenue du procès de Slobodan Milošević (le plus proéminent de la cinquantaine d'accusés ayant comparu à ce jour) et à la formulation d'une stratégie pour l'achèvement méthodique de son mandat, le TPIY a accompli un imposant parcours. Les jalons qui le bordent sont rappelés dans les pages qui suivent.

Nous sommes fiers de ces accomplissements incontestables. Mais nous sommes aussi conscients que nos efforts ne pourront jamais aboutir à la traduction en justice de la totalité des auteurs des crimes commis dans l'ex-Yougoslavie, ni compenser autrement que partiellement leurs terribles conséquences. Ce serait au-delà des capacités de n'importe quelle cour.

Il n'en reste pas moins que, grâce au courage de milliers de témoins, le Tribunal, procès après procès, méthodiquement, besogneusement, a dressé le constat judiciaire implacable de certains faits inadmissibles, dénoncé ceux qui croyaient pouvoir tirer impunément les ficelles de l'histoire et remodeler la carte des Balkans, reconnu les souffrances intolérables endurées par des familles à jamais brisées, et puni les auteurs de ces crimes.

C'est pourquoi, le Tribunal persistera à penser, jusqu'au bout de sa route, que les fugitifs doivent être arrêtés, que les accusés doivent être jugés, et que les procès, où qu'ils se tiennent, doivent être exemplaires. Les difficultés qu'il a surmontées au cours de la dernière décennie, et les défis qu'il s'apprête à relever pendant la prochaine, ont renforcé notre conviction que seule la justice fait le lit de la réconciliation et de la reconstruction entre les peuples de l'ex-Yougoslavie.

D'autant que le travail du Tribunal résonne au-delà des frontières de sa compétence. Son fonctionnement a enclenché une dynamique de coopération judiciaire internationale. Jour après jour, il lègue une jurisprudence importante pour l'affermissement et le développement du droit humanitaire. Alors que nous préparons l'achèvement de notre mission, nous en appelons à la communauté internationale et aux cours nationales pour qu'elles ne relâchent pas leurs efforts en vue d'assurer un avenir dans lequel les auteurs de crimes de guerre ne resteront pas impunis.

Theodor Meron
Président

Carla Del Ponte
Procureur

Hans Holthuis
Greffier

Bringing justice to the former Yugoslavia:
The five core achievements of the Tribunal

1994 - 2004: the milestones

Rendre la justice pour l'ex-Yougoslavie :
Les cinq réalisations majeures du Tribunal

1994 - 2004 : les dates clés

1. SPEARHEADING THE SHIFT FROM IMPUNITY TO ACCOUNTABILITY

In the words of the United Nations Secretary General Kofi Annan, during his visit to the Tribunal in 1997,

"impunity cannot be tolerated, and will not be. In an interdependent world, the Rule of the Law must prevail."

By holding individuals accountable regardless of their position, the ICTY's work has dismantled the tradition of impunity for war crimes and other serious violations of international law, particularly by individuals who held the most senior positions, but also by others who committed especially grave crimes.

Thanks to the ICTY, the question is no longer *whether* leaders should be held accountable, but rather *how* can they be called to account. The effect of criminal prosecutions and proceedings on leaders, be they civilian or military, local or national, is their removal from office permanently if found guilty. By trying individuals on the basis of their *personal* responsibility, be it direct or indirect, the ICTY *personalizes* guilt. It accordingly shields entire communities from being labelled as collectively responsible for others' suffering.

For the first time in legal history, an indictment was filed, by the ICTY Prosecutor, against an acting Head of State, Slobodan Milošević, for crimes allegedly committed while he was in office. Other individuals holding the highest political and military office have also been indicted.

1. LE RÔLE PRÉCURSEUR DANS LA TRANSITION IMPUNITÉ - RESPONSABILITÉ

Le Secrétaire général des Nations Unies Kofi Annan déclarait, lors de sa visite au Tribunal en 1997 :

« L'impunité ne peut, ni ne doit, être tolérée. Dans un monde interdépendant, l'état de droit doit prévaloir »

En traduisant en justice des responsables de tous niveaux, le TPIY a mis fin à la tradition d'impunité dont bénéficiaient les auteurs de crimes de guerre et d'autres violations graves du droit international, surtout ceux qui occupaient les postes les plus importants, mais aussi les autres personnes ayant commis des actes particulièrement graves.

Grâce au TPIY, la question n'est plus de savoir *si* les dirigeants doivent répondre de leurs agissements, mais *comment* on peut les y amener. Qu'ils soient civils ou militaires, de niveau local ou d'envergure nationale, les dirigeants faisant l'objet de poursuites et de procédures pénales doivent, s'ils sont reconnus coupables, quitter leurs fonctions définitivement. En jugeant les accusés sur la base de leur responsabilité *personnelle*, directe ou indirecte, le TPIY *personnalise* la culpabilité, évitant ainsi que des communautés entières ne soient collectivement tenues pour responsables des souffrances endurées par d'autres.

Pour la première fois dans l'histoire de la justice, un acte d'accusation a été établi par le Procureur du TPIY contre un chef d'État en exercice, Slobodan Milošević, qui doit désormais répondre de crimes prétendument commis alors qu'il était en fonctions. D'autres dirigeants politiques ou militaires de premier plan ont été mis en accusation.

09/02 A Commission of Experts, established in October 1992 (resolution 780) to investigate allegations of grave breaches of the Geneva Conventions and other violations of international humanitarian law being committed in the former Yugoslavia, issues a preliminary report concluding that international humanitarian law is being violated and suggesting the establishment of an *ad hoc* international tribunal.

22/02 The UN Security Council passes Resolution 808 establishing an international tribunal for serious violations of international humanitarian law committed in the territory of the former Yugoslavia since 1991.

25/05 Resolution 827, voted on unanimously by the UN's Security Council, establishes the International Criminal Tribunal for the former Yugoslavia (ICTY) and adopts its Statute.

15/09 The UN General Assembly elects the first 11 ICTY judges.

17/11 The ICTY begins its inaugural session: the Tribunal's 11 judges take their oaths and elect Antonio Cassese (Italy) to serve as the Tribunal's first President.

© Unknown

02/02 The ICTY's first Registrar Theodor van Boven (The Netherlands) takes office.

11/02 Adoption by the Judges' Plenary of the first ICTY Rules of Procedure and Evidence.

1993 1993 1993 1993 1994

09/02 Une Commission d'experts, établie en octobre 1992 (résolution 780) pour enquêter sur les allégations d'infractions graves aux Conventions de Genève et autres violations du droit international humanitaire commises en ex-Yougoslavie, présente un rapport préliminaire indiquant que le droit international humanitaire est violé et proposant la mise en place d'un tribunal international *ad hoc*.

22/02 Au vu des conclusions de la Commission d'experts des Nations Unies, le Conseil de sécurité adopte la résolution 808 prévoyant la mise en place d'un tribunal international chargé de juger les violations graves du droit international humanitaire commises sur le territoire de l'ex-Yougoslavie depuis 1991.

25/05 Par la résolution 827, votée à l'unanimité, le Conseil de sécurité décide de créer le Tribunal pénal international pour l'ex-Yougoslavie (TPIY) et adopte son Statut.

15/09 L'Assemblée générale des Nations Unies procède à l'élection des 11 premiers juges du TPIY.

17/11 Le TPIY tient sa séance inaugurale : les 11 juges du Tribunal prêtent serment et élisent Antonio Cassese (Italie) aux fonctions de Président du Tribunal.

© Raphael Gaillarde/Gamma-RPB

02/02 Le premier Greffier du TPIY, Theodor Van Boven (Pays-Bas), prend ses fonctions.

11/02 Les juges réunis en séance plénière adoptent la première version du Règlement de procédure et de preuve du TPIY.

This paves the way for the reconciliation process within the war-torn societies of the former Yugoslavia.

2. ESTABLISHING THE FACTS

As the work of the ICTY progresses, important elements of an historical record of the conflicts in the former Yugoslavia in the 1990's have emerged. Facts once subject to dispute have been established beyond a reasonable doubt by Judgements.

Trials at the ICTY have covered crimes and incidents across the former Yugoslavia and throughout the conflicts in the 1990's.

Admissions of guilt from a number of accused have also contributed to the establishment of the facts. For example, in his Plea Agreement, Dragan Obrenović provided valuable insider military information and cooperated well beyond what was required under the Agreement. Obrenović made the following statement during his Sentencing Hearing,

"In Bosnia, a neighbour means more than a relative. In Bosnia, having coffee with your neighbour is a ritual, and this is what we trampled on and forgot. We lost ourselves in hatred and brutality. And in this vortex of terrible misfortune and horror, the horror of Srebrenica happened."

"I will be happy if my testimony helps the families of the victims, if I can spare them having to testify again and relive the horrors and the pain during their testimony. It is my wish that my testimony should help prevent this ever happening again, not just in Bosnia, but anywhere in the world."

2. L'ÉTABLISSEMENT DES FAITS

Ainsi s'ouvre la voie du processus de réconciliation entre les communautés déchirées par les conflits qui ont ravagé l'ex-Yougoslavie.

À mesure que le TPIY progresse dans son action, il met en lumière des pans entiers de l'histoire des conflits qui ont eu lieu en l'ex-Yougoslavie dans les années 1990. Des faits auparavant contestés ont été établis au-delà de tout doute raisonnable dans les jugements rendus par le Tribunal.

Les procès du TPIY concernent des crimes et des événements qui ont eu lieu sur l'ensemble du territoire de l'ex-Yougoslavie et pendant toute la durée des conflits des années 1990.

La reconnaissance de leur culpabilité par un certain nombre d'accusés a également contribué à établir la vérité. Dragan Obrenović, par exemple, a fourni des informations précieuses auxquelles il avait eu accès en tant que responsable militaire, ainsi qu'une coopération allant bien au-delà de ce qui était prévu dans l'accord sur le plaidoyer le concernant. On se souviendra de ses propos au cours de l'audience consacrée à la détermination de sa peine :

« En Bosnie, un voisin c'est plus qu'un parent. En Bosnie, prendre le café avec son voisin, c'est un rituel. Et c'est ça que nous avons foulé aux pieds et oublié. Nous nous sommes abîmés dans la haine et dans la brutalité. Et c'est dans ce tourbillon d'horreur et de malheur que s'est produit l'abomination de Srebrenica. »

« Je serai heureux si mon témoignage peut aider les familles des

---

08/07 The UN Security Council appoints Richard Goldstone (South Africa) as Prosecutor.

© Raphael Gaillarde/Gamma-RPB

04/11 The Tribunal confirms its first indictment against the Accused Dragan Nikolić. The indictment is made public on 7 November 1994.

08/11 First hearing at the ICTY: the Prosecutor formally requests that Germany defer to the competence of the Tribunal in the case of Duško Tadić.

01/02 Following her appointment as Registrar, Dorothee de Sampayo (The Netherlands) takes office.

21/04 First accused in the Tribunal's Detention Unit: Duško Tadić is transferred from Germany.

© Audio-visual/ICTY

09/10 First witnesses give evidence in open court against Dragan Nikolić. This hearing is the first application of Rule 61 of the Tribunal's Rules of Procedure and Evidence.

17/11 Judge Antonio Cassese is re-elected for a second two-year term as President of the ICTY.

01/04 General Tihomir Blaškić becomes the first accused to voluntarily surrender to the Tribunal.

07/05 The first trial to be held before the ICTY begins in the case of Duško Tadić.

1994   1994   **1995**   1995   **1996**

08/07 Richard Goldstone (Afrique du Sud), est nommé Procureur par le Conseil de sécurité.

04/11 Le Tribunal confirme son premier acte d'accusation, qui vise Dragan Nikolić. L'acte d'accusation est rendu public le 7 novembre 1994.

08/11 Première audience du TPIY : le Procureur demande officiellement à l'Allemagne de se dessaisir de l'affaire Duško Tadić en faveur du Tribunal.

01/02 Dorothee de Sampayo (Pays-Bas) prend ses fonctions de Greffier du TPIY.

© ICTY

21/04 Duško Tadić est transféré d'Allemagne et devient le premier accusé détenu au Quartier pénitentiaire du Tribunal.

09/10 Les premiers témoins déposent en audience publique contre Dragan Nikolić. Cette audience constitue la première mise en application de l'article 61 du Règlement de procédure et de preuve du Tribunal.

17/11 Le Juge Antonio Cassese est réélu Président du TPIY pour un deuxième mandat de deux ans.

01/04 Le général Tihomir Blaškić devient le premier accusé à se livrer de son plein gré au Tribunal.

© Audio-visual/ICTY

07/05 Ouverture du procès de Duško Tadić, le premier devant le TPIY.

The determination beyond reasonable doubt of certain facts is crucial in combating denial and preventing attempts at revisionism.

It is now not tenable for anyone to dispute the reality of the crimes that were committed in and around Bratunac, Brčko, Čelebići, Dubrovnik, Foča, Prijedor, Sarajevo, Srebrenica, and Zvornik to name but a few.

As other trials are completed, further facts will be established regarding these and other areas in the former Yugoslavia.

3. BRINGING JUSTICE TO THOUSANDS OF VICTIMS AND GIVING THEM A VOICE

Through its work, by holding senior individuals responsible for the crimes committed in the former Yugoslavia, the Tribunal is bringing a sense of justice to the many thousands of victims across the region.

Victims play a crucial role in the proceedings at the Tribunal as witnesses, contributing to the process of establishing the truth by talking to investigators and/or by giving testimony in court. In many cases, this requires considerable courage on the part of the witness.

To date, over 3,500 witnesses have taken the opportunity to tell their stories while testifying in court. Through this, they have contributed to the creation of elements of an historical record.

---

victimes, leur éviter d'avoir à revenir témoigner et revivre les atrocités et la souffrance pendant leur témoignage. Je souhaite que mon témoignage permette d'empêcher que de telles choses ne se reproduisent jamais, non seulement en Bosnie, mais partout dans le monde. »

L'établissement de certains faits au-delà de tout doute raisonnable est crucial pour combattre le refus de regarder la vérité en face et pour parer les tentatives de révisionnisme.

Nul ne peut plus contester la réalité des crimes commis à Bratunac, Brčko, Čelebići, Dubrovnik, Foča, Prijedor, Sarajevo, Srebrenica et Zvornik, pour ne citer que quelques lieux, théâtres d'événements terribles. Avec la conclusion d'autres procès, de nouveaux faits seront établis.

3. LA JUSTICE RENDUE À DES MILLIERS DE VICTIMES ENFIN ENTENDUES

Par son action, en établissant la responsabilité de personnes clés dans les crimes commis en ex-Yougoslavie, le Tribunal fait renaître un sentiment de justice chez des milliers de victimes dans la région.

Les victimes jouent, en tant que témoins, un rôle crucial dans les procédures du Tribunal et contribuent au processus d'établissement de la vérité en se confiant aux enquêteurs et/ou en témoignant à l'audience. Ceci exige souvent un grand courage.

À ce jour, plus de 3 500 témoins ont pu relater leur histoire en déposant devant le Tribunal, apportant ainsi chacun leur contribution à l'établissement d'une historiographie cruciale.

06/07 A team of investigators and experts from the Office of the Prosecutor begin the first exhumation of a suspected mass grave site near Srebrenica.

01/10 Following her appointment on 29 February 1996 as Prosecutor of both the ICTY and the ICTR, Louise Arbour (Canada) begins her tenure.

© Raphael Gaillarde/Gamma-RPB

29/11 The Tribunal hands down the first sentence for a crime against humanity by an international court since the trials in Nuremberg and Tokyo. Convicted is Dražen Erdemović, a soldier with the Bosnian Serb army, who pleaded guilty to participating into mass executions following the take-over of the Srebrenica enclave.

06/02 Italy signs the first Agreement on the enforcement of sentences handed down by the Tribunal.

10/03 Commencement of the "Čelebići trial", first multiple-accused (4) trial before the ICTY and first trial considering the concept of command responsibility since the cases decided in the wake of World War II.

07/05 The first judgement following a full-length trial is handed down in the case of Duško Tadić.

27/06 First arrest by international forces: Slavko Dokmanović, whose indictment by the ICTY had yet to be publicly disclosed, is arrested with the assistance of forces with the UN Transitional Administration for Eastern Slavonia.

10/07 First apprehension by NATO forces deployed in Bosnia and Herzegovina (SFOR) of an ICTY accused, Milan Kovačević.

07/11 The United Kingdom becomes the first State to enter into an agreement to relocate Tribunal witnesses.

17/11 Beginning of the second four-year mandate of the Judges.

1996 1996 **1997** 1997 1997

06/07 Une équipe d'enquêteurs et d'experts du Bureau du Procureur entame la première exhumation de corps retrouvés près de Srebrenica dans ce que l'on pense être un charnier.

01/10 Nommée le 29 février 1996 Procureur du TPIY et du TPIR, Louise Arbour (Canada) prend ses fonctions.

29/11 Pour la première fois depuis les procès de Nuremberg et de Tokyo, le Tribunal prononce une peine pour crime contre l'humanité. Le condamné - Dražen Erdemović - est un soldat de l'armée des Serbes de Bosnie, qui a plaidé coupable pour sa participation à l'un des massacres consécutifs à la prise de l'enclave de Srebrenica.

06/02 L'Italie signe le premier Accord relatif à l'exécution des peines prononcées par le Tribunal.

10/03 Ouverture du "procès Čelebići", qui constitue le premier procès au TPIY concernant plusieurs accusés (4) et aussi le premier procès dans lequel est abordé le concept de la responsabilité du supérieur hiérarchique depuis les affaires jugées au lendemain de la Deuxième Guerre mondiale.

07/05 Le TPIY prononce son premier jugement au terme du procès Duško Tadić.

27/06 Les forces internationales procèdent à leur première arrestation : Slavko Dokmanović, dont l'acte d'accusation établi par le TPIY n'avait pas encore été rendu public, est arrêté avec l'aide des forces de l'Administration transitoire des Nations Unies pour la Slavonie orientale.

10/07 Les forces de l'OTAN déployées en Bosnie-Herzégovine (la SFOR) appréhendent pour la première fois un accusé du TPIY en la personne de Milan Kovačević.

The Prosecution has also interviewed 1,400 other potential witnesses. This has given victims and witnesses a real sense that they and their communities are involved in the work of the Tribunal.

The ICTY guarantees that the suffering of victims across the former Yugoslavia is acknowledged and not ignored.

One witness, a 54 year-old housewife from Bosnia and Herzegovina who testified in the trial of the three men she held responsible for the death of her husband and her neighbours stated:

"I really wanted to go to The Hague. I wanted to see the [three defendants] and to ask them why they did it. Why did they kill all these people? Why did they destroy our village? We had such good relations. We were good neighbours.
I just wanted one of them . . . to tell me why they did that."

4. THE ACCOMPLISHMENTS IN INTERNATIONAL LAW

During the 10 years that the Tribunal has been in existence, it has expanded the boundaries of international humanitarian and international criminal law. It has proved that efficient and transparent international justice is viable.

The ICTY has been a pioneering institution that has set a large number of legal and institutional precedents:

- It has expanded upon the legal elements of the crime of grave breaches of the Geneva Conventions of 1949 by further defining the test of overall control, identifying

L'Accusation a également interrogé 1 400 témoins potentiels. Ainsi naît chez les victimes et les témoins le sentiment qu'eux-mêmes et leur communauté sont véritablement impliqués dans le travail du Tribunal.

Le TPIY garantit la reconnaissance des souffrances des victimes dans toute l'ex- Yougoslavie.

Une femme au foyer bosniaque de 54 ans déposant au procès de trois hommes responsables, selon elle, de la mort de son mari et de ses voisins a déclaré :

« Je voulais à tout prix me rendre à La Haye. Je voulais voir les [trois accusés] et leur demander pourquoi ils ont fait ça. Pourquoi ils ont tué tous ces gens. Pourquoi ils ont détruit notre village. On s'entendait tellement bien. On était de bons voisins. Je voulais simplement qu'un d'entre eux... me dise pourquoi ils ont fait ça. »

4. LA CONTRIBUTION AU DÉVELOPPEMENT DU DROIT INTERNATIONAL

Au cours de ses dix ans d'existence, le Tribunal a repoussé les frontières du droit international humanitaire et du droit pénal international. Il a prouvé qu'une justice internationale efficace et transparente pouvait exister.

Le TPIY a fait œuvre de pionnier, en établissant une multitude de précédents juridiques et institutionnels :

- Il a approfondi l'analyse des éléments juridiques constitutifs du crime d'infractions graves aux Conventions de Genève de 1949, en affinant la définition du critère du

---

14/02 Milan Simić and Miroslav Tadić become the first accused from Republika Srpska to voluntarily surrender to the Tribunal's custody.

05/05 Inauguration of the Tribunal's second courtroom.

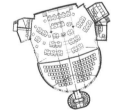

13/05 The Security Council unanimously adopts Resolution 1166 establishing a third Trial Chamber, to consist of three new judges.

12/06 Inauguration of the Tribunal's third courtroom.

© Raphael Gaillarde/Gamma-RPB

19/11 Judge Gabrielle Kirk McDonald (United States of America) is elected as the second President of the Tribunal.

24/05 The Tribunal issues its first indictment charging a Head of State during an on-going armed conflict with the alleged commission of serious violations of international humanitarian law. Slobodan Milošević (President of the Federal Republic of Yugoslavia, FRY) and four FRY senior officials are indicted for crimes against humanity and violations of the laws or customs of war committed in Kosvo.

© Raphael Gaillarde/Gamma-RPB

11/08 UN Security Council appoints Carla Del Ponte (Switzerland) as the Tribunal's Prosecutor. She will take office on 15 September.

17/11 Judge Claude Jorda (France) is elected as the third President of the Tribunal.

1997 1998 1998 1999 1999

07/11 Le Royaume Uni devient le premier État à signer un accord en vue d'accueillir sur son sol des témoins du Tribunal.

17/11 Les juges entament un deuxième mandat de quatre ans.

19/11 Le Juge Gabrielle Kirk McDonald (États-Unis d'Amérique) devient le deuxième Président du Tribunal.

14/02 Milan Simić et Miroslav Tadić deviennent les premiers accusés de la Republika Srpska à se livrer de leur plein gré aux autorités du Tribunal.

05/05 Le Tribunal inaugure sa deuxième salle d'audience.

13/05 Le Conseil de sécurité, par la résolution 1166 adoptée à l'unanimité, décide de créer une troisième Chambre de première instance composée de trois nouveaux juges.

12/06 Le Tribunal inaugure sa troisième salle d'audience.

© Audio-visual/ICTY

24/05 Le Tribunal établit son premier acte d'accusation à l'encontre d'un chef d'État pendant un conflit armé, pour la commission de violations graves du droit international humanitaire. Slobodan Milošević (Président de la République fédérale de Yougoslavie, RFY) et quatre haut responsables de la RFY sont accusés de crimes contre l'humanité et de violations des lois ou coutumes de la guerre, commis au Kosovo.

11/08 Le Conseil de sécurité nomme Carla Del Ponte (Suisse) Procureur du Tribunal. Elle prendra ses fonctions le 15 septembre.

17/11 Le Juge Claude Jorda (France) devient le troisième Président du Tribunal.

© Zoran Lesic/ICTY

the existence of an *international armed conflict*, and also the extended definition of protected persons under the Conventions.

- It has narrowed the differences that are perceived between the *laws or customs of war* applicable in internal and in international conflicts, thus approaching both standards for the *protection of individuals*.
- It has identified a *general prohibition of torture* in international law which cannot be derogated from by a treaty, internal law or otherwise.
- It has made significant advances in international humanitarian law pertaining to the legal treatment and *punishment of sexual violence* in wartime.
- It has specified crucial elements of the crime of *genocide*, in particular the definition of the *target* of such crime, a group or part if a group of individuals.
- It has made several pivotal determinations with regard to crimes against humanity committed against civilians, in particular that this crime can be committed not only as part of, but also just *during* an armed conflict, thus identifying a wide scope of protection.
- It has specified the definitions of *enslavement* and persecution as parts of crimes against humanity, resulting in the first convictions after World War II for enslavement.
- It has identified and applied the modern doctrine of criminal responsibility of superiors, so-called *command responsibility*, clarifying that a formal superior-subordinate relationship is not necessarily required for criminal responsibility.
- In the same vein, it has removed uncertainty about

contrôle global, en établissant l'existence d'un *conflit international*, ainsi qu'en élargissant et précisant le concept de *personnes protégées* par les Conventions.

- Il a permis de réduire les différences entre les *lois ou coutumes de la guerre* applicables dans un conflit armé interne et celles qui prévalent dans un conflit international, rapprochant ainsi ces deux normes au bénéfice de la *protection des personnes*.
- Il a établi une *interdiction générale* de *la torture* en droit international, à laquelle il ne saurait être dérogé ni par traité, ni par disposition du droit interne, ni de toute autre manière.
- Il a accompli des progrès notables dans le domaine du droit international humanitaire en ce qui concerne le traitement juridique et la *sanction des violences sexuelles* en temps de guerre.
- Il a précisé certains éléments clés constitutifs du crime de *génocide*, et en particulier la définition de la *cible* de ce crime, à savoir un groupe ou une partie d'un groupe de personnes.
- Il a rendu plusieurs décisions déterminantes s'agissant des crimes contre l'humanité perpétrés contre des civils, en statuant, en particulier, que ces crimes peuvent être commis non seulement dans le cadre d'un conflit armé, mais aussi *pendant* celui-ci, définissant ainsi un champ de protection plus vaste.
- Il a précisé et élargi les définitions de la *réduction en esclavage* et de la *persécution* en tant que crimes contre l'humanité, ouvrant ainsi la voie aux premières condamnations prononcées depuis la Deuxième Guerre mondiale.
- Il a défini et appliqué la théorie moderne de la responsabilité pénale des supérieurs, ou *responsabilité du*

13/03 Commencement of the first Srebrenica-related trial, in the case of General Radislav Krstić.

20/03 The first trial exclusively on charges of sexual violence against women, including sexual enslavement, commences in the case of Radomir Kovač, Dragoljub Kunarac, and Zoran Vuković.

13/09 ICTY Judges approve a Report acknowledging the rights of victims of crimes within the Tribunal's jurisdiction to seek compensation.

30/11 UN Security Council approves the establishment of a pool of 27 *ad litem* Judges for the ICTY, and the enlargment of its Appeals Chamber (Resolution 1329).

11/12 Hans Holthuis (The Netherlands) is appointed to serve as the Tribunal's third Registrar, to take office on 1 January.

© *Audio-visual/ICTY*

10/01 Surrender of Bijlana Plavšić, the fist former President of an internationally recognized entity (Republika Srpska) to come into the Tribunal's custody.

12/06 The UN General Assembly elects a pool of 27 *ad litem* Judges to increase the trial capacity of the ICTY.

29/06 Slobodan Milošević is transferred to the ICTY.

02/08 In the ICTY's first genocide conviction, General Radislav Krstić is sentenced to 46 years imprisonment.

2000   2000   2000   2001   2001

13/03 Ouverture du premier procès lié à Srebrenica : celui du général Radislav Krstić.

20/03 Le premier procès concernant exclusivement des accusations de violences sexuelles commises contre des femmes, notamment l'esclavage sexuel, s'ouvre dans l'affaire Radomir Kovač, Dragoljub Kunarac et Zoran Vuković.

13/09 Les juges du TPIY approuvent un rapport reconnaissant aux victimes des crimes relevant de la compétence du Tribunal le droit à demander réparation.

30/11 Le Conseil de sécurité des Nations Unies approuve la création d'un groupe de 27 juges *ad litem* pour le TPIY et l'augmentation du nombre de membres de la Chambre d'appel (résolution 1329).

11/12 Hans Holthuis (Pays-Bas) est nommé troisième Greffier du Tribunal. Il prend ses fonctions le 1ᵉʳ janvier 2001.

© *ICTY*

10/01 Biljana Plavšić se livre au Tribunal. C'est la première fois qu'une personne ayant présidé une entité internationalement reconnue (la Republika Srpska) est détenue sous la responsabilité du Tribunal.

12/06 L'Assemblée générale des Nations Unies procède à l'élection d'un groupe de 27 juges *ad litem* afin d'accroître la capacité du TPIY à mener de front plusieurs procès.

29/06 Slobodan Milošević est transféré au TPIY.

© *Reuters/ NOS Television*

02/08 Le TPIY prononce sa première déclaration de culpabilité pour génocide et condamne le général Radislav Krstić à 46 ans d'emprisonnement.

Ten years of international criminal proceedings

ICTY cases in chronological order
of the appearance of the accused

Dix ans de procédures pénales internationales

Les affaires du Tribunal dans l'ordre
chronologique de la comparution des accusés

Updated on/*Actualisé au* 01/11/2004

List in alphabetical order of the accused's name.
Liste alphabétique des noms des accusés.

	1. Duško Tadić	2. Đorđe Đukić	3. Tihomir Blaškić

Case Number/Numéro d'affaire	IT-94-01	IT-96-20	IT-95-14
Indictment/Mise en accusation	13/02/1995	29/02/1996	10/11/1995
Transfer to ICTY/Transfert au TPIY	24/04/1995	12/02/1996	01/04/1996
Initial Appearance/Comparution initiale	26/04/1995		03/04/1996, 04/12/1996
Initial Plea/Plaidoyer initial	Not guilty/Non coupable		Not guilty/Non coupable
Start of Trial/Début du procès	07/05/1996		24/06/1997
End of Trial/Fin du procès	28/11/1996		30/07/1999
Trial Chamber Judgement/Jugement en 1ère instance	07/05/1997		03/03/2000
Sentence (years' imprisonment)/Peine (ans d'emprisonement)	20		45
Appeals Chamber Judgement/Jugement en appel	15/07/1999		29/07/2004
2nd Trial Chamber Judgement/2ème jugement en 1ère instance	11/11/1999		
Sentence (years' imprisonment)/Peine (ans d'emprisonement)	25		9
2nd Appeals Chamber Judgement/2ème jugement en appel	26/01/2000		
Sentence (years' imprisonment)/Peine (ans d'emprisonement)	20		
Date and Location of Transfer/Date du transfert et lieu	31/10/2000, Germany/Allemagne		
Early Release/Libération anticipée		24/04/1996 for health reasons/pour des raisons de santé	02/08/2004
Deceased/Décédé		18/05/1996	

	4. Zdravko Mucić	5. Dražen Erdemović	6. Zejnil Delalić

Case Number/Numéro d'affaire	IT-96-21	IT-96-22	IT-96-21
Indictment/Mise en accusation	21/03/1996	29/05/1996	21/03/1996
Transfer to ICTY/Transfert au TPIY	09/04/1996	30/03/1996	08/04/1996
Initial Appearance/Comparution initiale	11/04/1996	31/05/1996	09/05/1996
Initial Plea/Plaidoyer initial	Not guilty/Non coupable	Guilty/Coupable	Not guilty/Non coupable
Change of Plea/		14/01/1998	
Start of Trial/Début du procès	10/03/1997		10/03/1997
End of Trial/Fin du procès	15/10/1998		15/10/1998
Trial Chamber Judgement/Jugement en 1ère instance	16/11/1998	29/11/1996	16/11/1998
Sentence (years' imprisonment)/Peine (ans d'emprisonement)	7	10	Not guilty/Non coupable
Appeals Chamber Judgement/Jugement en appel	20/02/2001	07/10/1997	20/02/2001
Sentence (years' imprisonment)/Peine (ans d'emprisonement)			Acquittal confirmed/Confirmation de l'acquittement

	4. Zdravko Mucić	5. Dražen Erdemović	6. Zejnil Delalić
2nd Trial Chamber Judgement/ *2ème jugement en 1ère instance*	09/10/2001	05/03/1998	
Sentence (years' imprisonment)/ *Peine (ans d'emprisonement)*	9	5	
2nd Appeals Chamber Judgement/ *2ème jugement en appel*	08/04/2003		
Sentence (years' imprisonment)/ *Peine (ans d'emprisonement)*	9		
Date and Location of Transfer/ *Date du transfert et lieu*		26/08/1998, Norway/*Norvège*	
Early Release/*Libération anticipée*	18/07/2003		
Release/*Libération*		08/2000	Released immediately upon acquittal/*Libération immédiate pour acquittement*

	7. Hazim Delić	8. Esad Landžo	9. Zlatko Aleksovski

Case Number/*Numéro d'affaire*	IT-96-21	IT-96-21	IT-95-14/1
Indictment/*Mise en accusation*	21/03/1996	21/03/1996	10/11/1995
Transfer to ICTY/*Transfert au TPIY*	13/06/1996	13/06/1996	28/04/1997
Initial Appearance/*Comparution initiale*	18/06/1996	18/06/1996	29/04/1997
Initial Plea/*Plaidoyer initial*	Not guilty/*Non coupable*	Not guilty/*Non coupable*	Not guilty/*Non coupable*
Start of Trial/*Début du procès*	10/03/1997	10/03/1997	06/01/1998
End of Trial/*Fin du procès*	15/10/1998	15/10/1998	23/03/1999
Trial Chamber Judgement/ *Jugement en 1ère instance*	16/11/1998	16/11/1998	07/05/1999 (oral) 25/06/1999 (written/*écrit*)
Sentence (years' imprisonment)/ *Peine (ans d'emprisonement)*	20	15	2.5
Appeals Chamber Judgement/ *Jugement en appel*	20/02/2001	20/02/2001	09/02/2000 (oral) 24/03/2000 (written/*écrit*)
Sentence (years' imprisonment)/ *Peine (ans d'emprisonement)*	Sentencing remitted to Chamber for possible adjustment *Examen renvoyé devant la Chambre de 1ère instance pour modification éventuelle*		7
2nd Trial Chamber Judgement/ *2ème jugement en 1ère instance*	09/10/2001	09/10/2001	
Sentence (years' imprisonment)/ *Peine (ans d'emprisonement)*	18	15	
2nd Appeals Chamber Judgement/ *2ème jugement en appel*	08/04/2003	08/04/2003	
Sentence (years' imprisonment)/ *Peine (ans d'emprisonement)*	18	15	
Date and Location of Transfer/ *Date du transfert et lieu*	09/07/2003, Finland/*Finlande*	09/07/2003, Finland/*Finlande*	09/07/2003, Finland/*Finlande*
Release/*Libération*			14/11/2001

	10. Slavko Dokmanović	11. Milan Kovačević	12. Mario Ćerkez
Case Number/*Numéro d'affaire*	IT-95-13	IT-97-24	IT-95-14/2
Indictment/*Mise en accusation*	07/11/1995	13/03/1997	10/11/1995
Transfer to ICTY/*Transfert au TPIY*	27/06/1997	10/07/1997	06/10/1997
Initial Appearance/*Comparution initiale*	04/07/1997	30/07/1997	08/10/1997
Initial Plea/*Plaidoyer initial*	Not guilty/*Non coupable*	Not guilty/*Non coupable*	Not guilty/*Non coupable*
Start of Trial/*Début du procès*	19/01/1998	06/07/1998	12/04/1999
End of Trial/*Fin du procès*	29/06/1998	01/08/1998	15/12/2000
Trial Chamber Judgement/ *Jugement en 1ère instance*			26/02/2001
Sentence (years' imprisonment)/ *Peine (ans d'emprisonement)*			15
Appeals Chamber Judgement/*Jugement en appel*			Pending/*En cours*
Deceased/*Décédé*	29/06/1998	01/08/1998	

	13. Drago Josipović	14. Marinko Katava	15. Dario Kordić
Case Number/*Numéro d'affaire*	IT-95-16	IT-95-16	IT-95-14/2
Indictment/*Mise en accusation*	10/11/1995	10/11/1995	10/11/1995
Transfer to ICTY/*Transfert au TPIY*	06/10/1997	06/10/1997	06/10/1997
Initial Appearance/*Comparution initiale*	08/10/1997	08/10/1997	08/10/1997
Initial Plea/*Plaidoyer initial*	Not guilty/*Non coupable*		Not guilty/*Non coupable*
Start of Trial/*Début du procès*	17/08/1998		12/04/1999
End of Trial/*Fin du procès*	10/10/1999		15/12/2000
Trial Chamber Judgement/ *Jugement en 1ère instance*	14/01/2000		26/02/2001
Sentence (years' imprisonment)/ *Peine (ans d'emprisonement)*	15		25
Appeals Chamber Judgement/ *Jugement en appel*	23/10/2001		Pending/*En cours*
Sentence (years' imprisonment)/ *Peine (ans d'emprisonement)*	12		
Date and Location of Transfer/ *Date du transfert et lieu*	09/04/2002, Spain/*Espagne*		
Early Release/*Libération anticipée*		19/12/1997 Released immediately upon withdrawal of indictment/ *Libéré immédiatement après retrait de l'acte d'accusation*	

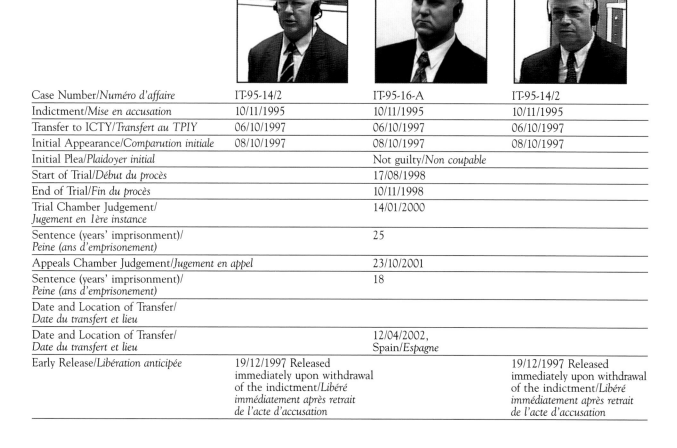

	16. Mirjan Kupreškić	17. Zoran Kupreškić	18. Dragan Papić
Case Number/*Numéro d'affaire*	IT-95-16-A	IT-95-16-A	IT-95-16
Indictment/*Mise en accusation*	10/11/1995	10/11/1995	10/11/1995
Transfer to ICTY/*Transfert au TPIY*	06/10/1997	06/10/1997	06/10/1997
Initial Appearance/*Comparution initiale*	08/10/1997	08/10/1997	08/10/1997
Initial Plea/*Plaidoyer initial*	Not guilty/*Non coupable*	Not guilty/*Non coupable*	Not guilty/*Non coupable*
Start of Trial/*Début du procès*	17/08/1998	17/08/1998	17/08/1998
End of Trial/*Fin du procès*	10/11/1999	10/11/1999	10/11/1999
Trial Chamber Judgement/ *Jugement en 1ère instance*	14/01/2000	14/01/2000	14/01/2000
Sentence (years' imprisonment)/ *Peine (ans d'emprisonement)*	8	10	Acquitted/*Acquitté*
Appeals Chamber Judgement/ *Jugement en appel*	23/10/2001	23/10/2001	
Sentence (years' imprisonment)/ *Peine (ans d'emprisonement)*	Not guilty/*Non coupable*	Not guilty/*Non coupable*	
Early Release/*Libération anticipée*	Released immediately upon Appeals Chamber judgement/ *Libéré immédiatement après l'arrêt d'appel*	Released immediately upon Appeals Chamber judgement/ *Libéré immédiatement après l'arrêt d'appel*	Released immediately upon Trial Chamber judgement/ *Libéré immédiatement*

	19. Ivica Šantić	20. Vladimir Šantić	21. Pero Skopljak
Case Number/*Numéro d'affaire*	IT-95-14/2	IT-95-16-A	IT-95-14/2
Indictment/*Mise en accusation*	10/11/1995	10/11/1995	10/11/1995
Transfer to ICTY/*Transfert au TPIY*	06/10/1997	06/10/1997	06/10/1997
Initial Appearance/*Comparution initiale*	08/10/1997	08/10/1997	08/10/1997
Initial Plea/*Plaidoyer initial*		Not guilty/*Non coupable*	
Start of Trial/*Début du procès*		17/08/1998	
End of Trial/*Fin du procès*		10/11/1998	
Trial Chamber Judgement/ *Jugement en 1ère instance*		14/01/2000	
Sentence (years' imprisonment)/ *Peine (ans d'emprisonement)*		25	
Appeals Chamber Judgement/*Jugement en appel*		23/10/2001	
Sentence (years' imprisonment)/ *Peine (ans d'emprisonement)*		18	
Date and Location of Transfer/ *Date du transfert et lieu*			
Date and Location of Transfer/ *Date du transfert et lieu*		12/04/2002, Spain/*Espagne*	
Early Release/*Libération anticipée*	19/12/1997 Released immediately upon withdrawal of the indictment/*Libéré immédiatement après retrait de l'acte d'accusation*		19/12/1997 Released immediately upon withdrawal of the indictment/*Libéré immédiatement après retrait de l'acte d'accusation*

	22. Anto Furundžija	**23. Vlatko Kupreškić**	**24. Goran Jelisić**

Case Number/*Numéro d'affaire*	IT-95-17/1	IT-95-16-A	IT-95-10
Indictment/*Mise en accusation*	10/11/1995	10/11/1995	21/07/1995
Transfer to ICTY/*Transfert au TPIY*	18/12/1997	18/12/1997	22/01/1998
Initial Appearance/*Comparution initiale*	19/12/1997	16/01/1998	26/01/1998
Initial Plea/*Plaidoyer initial*	Not guilty/*Non coupable*	Not guilty/*Non coupable*	Not guilty/*Non coupable*
Change of Plea/*Changement de plaidoyer*			29/10/1998 Guilty/*Coupable*
Start of Trial/*Début du procès*	08/06/1998	17/08/1998	10/11/1998
End of Trial/*Fin du procès*	12/11/1998	10/11/1999	
Trial Chamber Judgement/ *Jugement en 1ère instance*	10/12/1998	14/01/2000	10/10/1999 (oral) 14/12/1999 (written/*écrit*)
Sentence (years' imprisonment)/ *Peine (ans d'emprisonement)*	10	6	40
Appeals Chamber Judgement/ *Jugement en appel*	21/07/2000	23/10/2001	05/07/2001
Sentence (years' imprisonment)/ *Peine (ans d'emprisonement)*	10	Not guilty/*Non coupable*	40
Date and Location of Transfer/ *Date du transfert et lieu*	25/09/2000, Finland/*Finlande*		29/05/2003, Italy/*Italie*
Early Release/*Libération anticipée*	17/08/2004	Released immediately upon Appeals Chamber judgement/ *Libéré immédiatement après l'arrêt d'appel*	

	25. Milan Simić	**26. Miroslav Tadić**	**27. Simo Zarić**

Case Number/*Numéro d'affaire*	IT-95-9/2	IT-95-9	IT-95-9
Indictment/*Mise en accusation*	21/07/1995	21/07/1995	21/07/1995
Transfer to ICTY/*Transfert au TPIY*	15/02/1998	15/02/1998	25/02/1998
Initial Appearance/*Comparution initiale*	17/02/1998, 03/09/1998	17/02/1998, 03/09/1998	26/02/1998, 03/09/1998
Initial Plea/*Plaidoyer initial*	Not guilty/*Non coupable*	Not guilty/*Non coupable*	Not guilty/*Non coupable*
Change of Plea/*Changement de plaidoyer*	15/05/2002 Guilty/*Coupable*		
Start of Trial/*Début du procès*	10/09/2001	10/09/2001	10/09/2001
End of Trial/*Fin du procès*	22/07/2002	04/07/2003	04/07/2003
Trial Chamber Judgement/ *Jugement en 1ère instance*	17/10/2002	17/10/2003	17/10/2003
Sentence (years' imprisonment)/ *Peine (ans d'emprisonement)*	5	8	6
Early Release/*Libération anticipée*	04/11/2003	04/11/2004	28/01/2004

	28. Dragoljub Kunarac	29. Mlado Radić	30. Miroslav Kvočka
Case Number/*Numéro d'affaire*	IT-96-23, IT-96-23/1	IT-98-30/1	IT-98-30/1
Indictment/*Mise en accusation*	26/06/1996	09/11/1998	09/11/1998
Transfer to ICTY/*Transfert au TPIY*	05/03/1998	09/04/1998	09/04/1998
Initial Appearance/*Comparution initiale*	13/03/1998, 25/08/1998, 24/09/1999	14/04/1998	14/04/1998
Initial Plea/*Plaidoyer initial*	Not guilty/*Non coupable*	Not guilty/*Non coupable*	Not guilty/*Non coupable*
Change of Plea/*Changement de plaidoyer*	15/05/2002		
Start of Trial/*Début du procès*	20/03/2000	28/02/2000	28/02/2000
End of Trial/*Fin du procès*	22/11/2000	19/07/2001	19/07/2001
Trial Chamber Judgement/*Jugement en 1ère instance*	22/02/2001	02/11/2001	02/11/2001
Sentence (years' imprisonment)/*Peine (ans d'emprisonement)*	28	20	7
Appeals Chamber Judgement/*Jugement en appel*	12/06/2002	Pending/*En cours*	Pending/*En cours*
Sentence (years' imprisonment)/*Peine (ans d'emprisonement)*	28		
Date and Location of Transfer/*Date du transfert et lieu*	12/12/2002, Germany/*Allemagne*		
Release/*Libération*			29/03/2004, Provisional release/*Libération provisoire*

	31. Zoran Žigić	32. Milojica Kos	33. Milorad Krnojelac aka/*alias* Mico
Case Number/*Numéro d'affaire*	IT-98-30/1	IT-98-30/1	IT-97-25
Indictment/*Mise en accusation*	09/11/1998	09/11/1998	17/06/1997
Transfer to ICTY/*Transfert au TPIY*	16/04/1998	29/05/1998	15/06/1998
Initial Appearance/*Comparution initiale*	20/04/1998	02/06/1998	18/06/1998
Initial Plea/*Plaidoyer initial*	Not guilty/*Non coupable*	Not guilty/*Non coupable*	Not guilty/*Non coupable*
Start of Trial/*Début du procès*	28/02/2000	28/02/2000	30/10/2000
End of Trial/*Fin du procès*	19/07/2001	19/07/2001	20/07/2001
Trial Chamber Judgement/*Jugement en 1ère instance*	02/11/2001	02/11/2001	15/03/2002
Sentence (years' imprisonment)/*Peine (ans d'emprisonement)*	25	6	7.5
Appeals Chamber Judgement/*Jugement en appel*	Pending/*En cours*	14/05/2002 withdrew appeal/*a retiré son appel*	17/09/2003
Sentence (years' imprisonment)/*Peine (ans d'emprisonement)*			15
Date and Location of Transfer/*Date du transfert et lieu*			Pending/*En cours*
Early Release/*Libération anticipée*		31/07/2002	

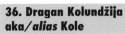
	34. Stevan Todorović	35. Radislav Krstić	36. Dragan Kolundžija aka/*alias* Kole

Case Number/*Numéro d'affaire*	IT-95-9/1	IT-98-33	IT-95-8
Indictment/*Mise en accusation*	21/07/1995	30/10/1998	21/07/1995
Transfer to ICTY/*Transfert au TPIY*	27/09/1998	03/12/1998	07/06/1999
Initial Appearance/*Comparution initiale*	30/09/1998	07/12/1998 25/11/1999	14/06/1999 27/09/1999
Initial Plea/*Plaidoyer initial*	Not guilty/*Non coupable*	Not guilty/*Non coupable*	Not guilty/*Non coupable*
Change of Plea/*Changement de plaidoyer*	13/12/2000 Guilty/*Coupable*		04/09/2001 Guilty/*Coupable*
Start of Trial/*Début du procès*		13/03/2000	19/03/2001
End of Trial/*Fin du procès*		29/06/2001	
Trial Chamber Judgement/*Jugement en 1ère instance*	31/07/2001	02/08/2001	13/11/2001
Sentence (years' imprisonment)/*Peine (ans d'emprisonement)*	10	46	3
Appeals Chamber Judgement/*Jugement en appel*		19/04/2004	
Sentence (years' imprisonment)/*Peine (ans d'emprisonement)*		35	
Date and Location of Transfer/*Date du transfert et lieu*	12/12/2001, Spain/*Espagne*	Pending/*En cours*	
Early Release/*Libération anticipée*			06/12/2001

	37. Radoslav Brdanin	38. Radomir Kovać	39. Vinko Martinović aka/*alias* Stela

Case Number/*Numéro d'affaire*	IT-99-36	IT-96-23, 96-23/1	IT-98-34
Indictment/*Mise en accusation*	14/03/1999	26/06/1996	21/12/1998
Transfer to ICTY/*Transfert au TPIY*	06/07/1999	02/08/1999	09/08/1999
Initial Appearance/*Comparution initiale*	12/07/1999	04/08/1999 24/09/1999	12/08/1999 07/12/2000
Initial Plea/*Plaidoyer initial*	Not guilty/*Non coupable*	Not guilty/*Non coupable*	Not guilty/*Non coupable*
Start of Trial/*Début du procès*	23/01/2002	20/03/2000	10/09/2001
End of Trial/*Fin du procès*	22/04/2004	22/11/2000	31/10/2002
Trial Chamber Judgement/*Jugement en 1ère instance*	01/09/2004	22/02/2001	31/03/2003
Sentence (years' imprisonment)/*Peine (ans d'emprisonement)*	32	20	18
Appeals Chamber Judgement/*Jugement en appel*	Pending/*En cours*	12/06/2002	Pending/*En cours*
Sentence (years' imprisonment)/*Peine (ans d'emprisonement)*		20	
Date and Location of Transfer/*Date du transfert et lieu*		28/11/2002, Norway/*Norvège*	

	40. Momir Talić	41. Damir Došen aka/*alias* Kajin	42. Stanislav Galić

Case Number/*Numéro d'affaire*	IT-99-36/1	IT-95-8	IT-98-29
Indictment/*Mise en accusation*	14/03/1999	21/07/1995	26/03/1999
Transfer to ICTY/*Transfert au TPIY*	25/08/1999	25/10/1999	21/12/1999
Initial Appearance/*Comparution initiale*	31/08/1999 11/01/2000	01/11/1999	29/12/1999
Initial Plea/*Plaidoyer initial*	Not guilty/*Non coupable*	Not guilty/*Non coupable*	Not guilty/*Non coupable*
Change of Plea/*Changement de plaidoyer*		19/09/2001 Guilty/*Coupable*	
Start of Trial/*Début du procès*	23/01/2002	19/03/2001	03/12/2001
End of Trial/*Fin du procès*	12/06/2003	10/10/2001	09/05/2003
Trial Chamber Judgement/ *Jugement en 1ère instance*		13/11/2001	05/12/2003
Sentence (years' imprisonment)/ *Peine (ans d'emprisonement)*		5	20
Appeals Chamber Judgement/*Jugement en appel*			Pending/*En cours*
Date and Location of Transfer/ *Date du transfert et lieu*		10/05/2002, Austria/*Autriche*	
Early Release/*Libération anticipée*		28/02/2003	
Release/*Libération*	20/09/2002 Provisional/*Provisoire*		
Deceased/*Décédé*	28/05/2003		

	43. Zoran Vuković	44. Mitar Vasiljević	45. Dragoljub Prcać

Case Number/*Numéro d'affaire*	IT-96-23, IT-96-23/1	IT-98-32	IT-98-30/1
Indictment/*Mise en accusation*	26/06/1999	26/10/1998	10/12/1995
Transfer to ICTY/*Transfert au TPIY*	24/12/1999	25/01/2000	05/03/2000
Initial Appearance/*Comparution initiale*	29/12/1999	28/01/2000	10/03/2000
Initial Plea/*Plaidoyer initial*	Not guilty/*Non coupable*	Not guilty/*Non coupable*	Not guilty/*Non coupable*
Start of Trial/*Début du procès*	20/03/2000	10/09/2001	28/02/2000
End of Trial/*Fin du procès*	22/11/2000	14/03/2002	19/07/2001
Trial Chamber Judgement/ *Jugement en 1ère instance*	22/02/2001	29/11/2002	02/11/2001
Sentence (years' imprisonment)/ *Peine (ans d'emprisonement)*	12	20	5
Appeals Chamber Judgement/ *Jugement en appel*	12/06/2002	25/02/2004	Pending/*En cours*
Sentence (years' imprisonment)/ *Peine (ans d'emprisonement)*	12	15	
Date and Location of Transfer/ *Date du transfert et lieu*	28/11/2002, Norway/*Norvège*	06/07/2004, Austria/*Autriche*	

	46. Mladen Naletilić **aka/*alias* Tuta**	**47. Momčilo Krajišnik**	**48. Dragan Nikolić**

Case Number/*Numéro d'affaire*	IT-98-34	IT-00-39-I	IT-94-2
Indictment/*Mise en accusation*	21/12/1998	21/03/2000	04/11/1994
Transfer to ICTY/*Transfert au TPIY*	23/03/2000	03/04/2000	22/04/2000
Initial Appearance/*Comparution initiale*	24/03/2000, 07/12/2000	07/04/2000	28/04/2000, 18/03/2002
Initial Plea/*Plaidoyer initial*	Not guilty/*Non coupable*	Not guilty/*Non coupable*	Not guilty/*Non coupable*
Change of Plea/*Changement de plaidoyer*			04/09/2003 Guilty/*Coupable*
Start of Trial/*Début du procès*	10/09/2001	03/02/2004	
End of Trial/*Fin du procès*	31/10/2002		
Trial Chamber Judgement/ *Jugement en 1ère instance*	31/03/2003		18/12/2003
Sentence (years' imprisonment)/ *Peine (ans d'emprisonement)*	20		23
Appeals Chamber Judgement/ *Jugement en appel*	Pending/*En cours*		Pending/*En cours*

	49. Duško Sikirica	**50. Biljana Plavšić**	**51. Blagoje Simić**

Case Number/*Numéro d'affaire*	IT-95-08	IT-00-39, IT-00-40	IT-95-9
Indictment/*Mise en accusation*	21/07/1995	07/04/2000	21/07/1995
Transfer to ICTY/*Transfert au TPIY*	25/06/2000	10/01/2001	12/03/2001
Initial Appearance/*Comparution initiale*	07/07/2000	11/01/2001	15/03/2001
Initial Plea/*Plaidoyer initial*	Not guilty/*Non coupable*	Not guilty/*Non coupable*	Not guilty/*Non coupable*
Change of Plea/*Changement de plaidoyer*	19/09/2001 Guilty/*Coupable*	02/10/2002 Guilty/*Coupable*	
Start of Trial/*Début du procès*	19/03/2001		10/09/2001
End of Trial/*Fin du procès*	10/10/2001		04/07/2003
Trial Chamber Judgement/ *Jugement en 1ère instance*	13/11/2001	27/02/2003	17/10/2003
Sentence (years' imprisonment)/ *Peine (ans d'emprisonement)*	15	11	17
Appeals Chamber Judgement/*Jugement en appel*			Pending/*En cours*
Date and Location of Transfer/ *Date du transfert et lieu*	10/05/2002, Austria/*Autriche*	26/06/2003, Sweden/*Suède*	

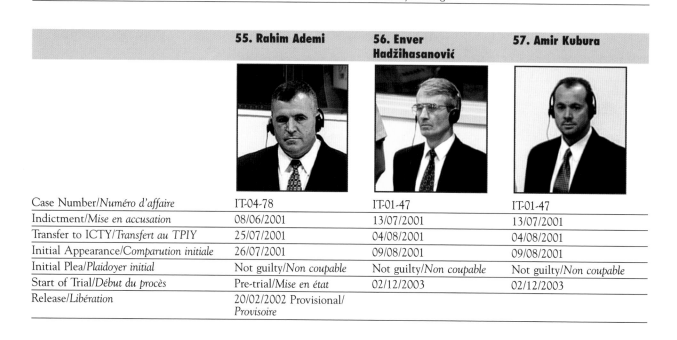

	52. Milomir Stakić	53. Dragan Obrenović	54. Slobodan Milošević
Case Number/Numéro d'affaire	IT-97-24	IT-02-60/2	IT-02-54
Indictment/Mise en accusation	13/03/1997	23/03/2001	24/05/1999 (Kosovo) 08/10/2001 (Croatia/Croatie) 22/11/2001 (Bosnia/Bosnie)
Transfer to ICTY/Transfert au TPIY	23/03/2001	15/04/2001	29/06/2001
Initial Appearance/Comparution initiale	28/03/2001, 02/08/2001	18/04/2001	03/07/2001, 29/10/2001, 11/12/2001
Initial Plea/Plaidoyer initial	Not guilty/Non coupable	Not guilty/Non coupable	03/07/2001 (Kosovo), 29/10/2001 (Croatia/Croatie) 11/12/2001 (Bosnia/Bosnie) The judge entered a plea of not guilty on his behalf as he failed to enter a plea/Le Juge a pris note en son nom d'un plaidoyer de non culpabilité
Change of Plea/Changement de plaidoyer		21/05/2003 Guilty/Coupable	
Start of Trial/Début du procès	16/04/2002		12/02/2002
End of Trial/Fin du procès	15/04/2003		
Trial Chamber Judgement/ Jugement en 1ère instance	31/07/2003	10/12/2003	
Sentence (years' imprisonment)/ Peine (ans d'emprisonement)	Life imprisonment/ Prison à vie	17	
Appeals Chamber Judgement/ Jugement en appel	Pending/En cours		
Date and Location of Transfer/ Date du transfert et lieu		18/06/2004, Norway/Norvège	

	55. Rahim Ademi	56. Enver Hadžihasanović	57. Amir Kubura
Case Number/Numéro d'affaire	IT-04-78	IT-01-47	IT-01-47
Indictment/Mise en accusation	08/06/2001	13/07/2001	13/07/2001
Transfer to ICTY/Transfert au TPIY	25/07/2001	04/08/2001	04/08/2001
Initial Appearance/Comparution initiale	26/07/2001	09/08/2001	09/08/2001
Initial Plea/Plaidoyer initial	Not guilty/Non coupable	Not guilty/Non coupable	Not guilty/Non coupable
Start of Trial/Début du procès	Pre-trial/Mise en état	02/12/2003	02/12/2003
Release/Libération	20/02/2002 Provisional/ Provisoire		

	58. Mehmed Alagić	**59. Vidoje Blagojević**	**60. Dragan Jokić**
		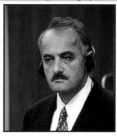	
Case Number/*Numéro d'affaire*	IT-01-47	IT-02-60	IT-02-60
Indictment/*Mise en accusation*	13/07/2001	27/10/1999	28/05/2001
Transfer to ICTY/*Transfert au TPIY*	04/08/2001	10/08/2001	15/08/2001
Initial Appearance/*Comparution initiale*	09/08/2001	16/08/2001	21/08/2001
Initial Plea/*Plaidoyer initial*	Not guilty/*Non coupable*	Not guilty/*Non coupable*	Not guilty/*Non coupable*
Start of Trial/*Début du procès*		14/05/2003	14/05/2003
End of Trial/*Fin du procès*		01/10/2004	01/10/2004
Trial Chamber Judgement/ *Jugement en 1ère instance*		Pending/*En cours*	Pending/*En cours*
Release/*Libération*	13/12/2001 Provisional/ *Provisoire*		
Deceased/*Décédé*	07/03/2003		

	61. Sefer Halilović	**62. Pavle Strugar**	**63. Miodrag Jokić**

Case Number/*Numéro d'affaire*	IT-01-48	IT-01-42	IT-01-42
Indictment/*Mise en accusation*	12/09/2001	27/02/2001	27/02/2001
Transfer to ICTY/*Transfert au TPIY*	25/09/2001	21/10/2001	12/11/2001
Initial Appearance/*Comparution initiale*	27/09/2001	25/10/2001	14/11/2001
Initial Plea/*Plaidoyer initial*	Not guilty/*Non coupable*	Not guilty/*Non coupable*	Not guilty/*Non coupable*
Change of Plea/*Changement de plaidoyer*			27/08/2003 Guilty/*Coupable*
Start of Trial/*Début du procès*	Pre-trial/*Mise en état*	16/12/2003	
End of Trial/*Fin du procès*		23/07/2004	
Trial Chamber Judgement/ *Jugement en 1ère instance*		Pending/*En cours*	18/03/2004
Sentence (years' imprisonment)/ *Peine (ans d'emprisonement)*			7
Appeals Chamber Judgement/ *Jugement en appel*			Pending/*En cours*
Release/*Libération*	14/12/2001 Provisional/ *Provisoire*		

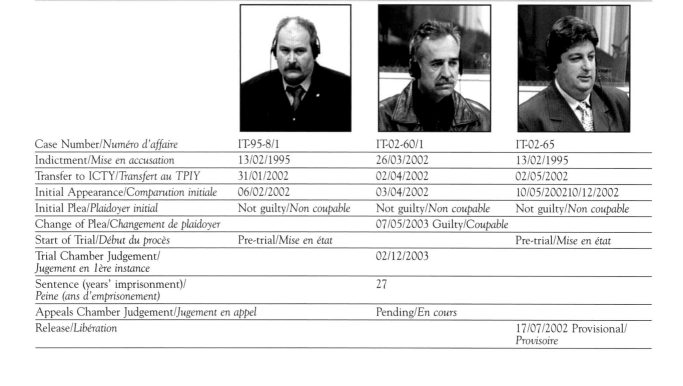

	64. Nenad Banović	65. Predrag Banović	66. Paško Ljubičić
Case Number/*Numéro d'affaire*	IT-95-8/1	IT-95-8/1	IT-00-41
Indictment/*Mise en accusation*	21/07/1995	13/02/1995	27/09/200026/09/2002
Transfer to ICTY/*Transfert au TPIY*	09/11/2001	09/11/2001	21/11/2001
Initial Appearance/*Comparution initiale*	16/11/2001	16/11/2001	30/09/2001, 26/09/2002
Initial Plea/*Plaidoyer initial*	Not guilty/*Non coupable*	Not guilty/*Non coupable*	Not guilty/*Non coupable*
Change of Plea/*Changement de plaidoyer*		26/06/2003 Guilty/*Coupable*	
Start of Trial/*Début du procès*			Pre-trial/*Mise en état*
Trial Chamber Judgement/ *Jugement en 1ère instance*		28/10/2003	
Sentence (years' imprisonment)/ *Peine (ans d'emprisonement)*		8	
Date and Location of Transfer/ *Date du transfert et lieu*		Pending/*En cours*	
Early Release/*Libération anticipée*	10/04/2002 Released immediately upon withdrawal of indictment/ *Libéré immédiatement après retrait de l'acte d'accusation*		

	67. Dušan Fuštar	68. Momir Nikolić	69. Momčilo Gruban
Case Number/*Numéro d'affaire*	IT-95-8/1	IT-02-60/1	IT-02-65
Indictment/*Mise en accusation*	13/02/1995	26/03/2002	13/02/1995
Transfer to ICTY/*Transfert au TPIY*	31/01/2002	02/04/2002	02/05/2002
Initial Appearance/*Comparution initiale*	06/02/2002	03/04/2002	10/05/200210/12/2002
Initial Plea/*Plaidoyer initial*	Not guilty/*Non coupable*	Not guilty/*Non coupable*	Not guilty/*Non coupable*
Change of Plea/*Changement de plaidoyer*		07/05/2003 Guilty/*Coupable*	
Start of Trial/*Début du procès*	Pre-trial/*Mise en état*		Pre-trial/*Mise en état*
Trial Chamber Judgement/ *Jugement en 1ère instance*		02/12/2003	
Sentence (years' imprisonment)/ *Peine (ans d'emprisonement)*		27	
Appeals Chamber Judgement/*Jugement en appel*		Pending/*En cours*	
Release/*Libération*			17/07/2002 Provisional/ *Provisoire*

	70. Darko Mrđa	**71. Ranko Češić**	**72. Miroslav Deronjić**

Case Number/*Numéro d'affaire*	IT-02-59	IT-95-10/1	IT-02-61
Indictment/*Mise en accusation*	16/04/2002	21/07/1995	03/07/2002
Transfer to ICTY/*Transfert au TPIY*	14/06/2002	17/06/2002	08/07/2002
Initial Appearance/*Comparution initiale*	17/06/2002	20/06/2002	10/07/2002
Initial Plea/*Plaidoyer initial*	Not guilty/*Non coupable*	Not guilty/*Non coupable*	Not guilty/*Non coupable*
Change of Plea/*Changement de plaidoyer*	24/07/2003 Guilty/*Coupable*	8/10/2003 Guilty/*Coupable*	30/09/2003 Guilty/*Coupable*
Trial Chamber Judgement/ *Jugement en 1ère instance*	31/03/2004	11/03/2004	30/03/2004
Sentence (years' imprisonment)/ *Peine (ans d'emprisonement)*	17	18	10
Appeals Chamber Judgement/*Jugement en appel*			Pending/*En cours*
Date and Location of Transfer/ *Date du transfert et lieu*	Pending/*En cours*	Pending/*En cours*	

	73. Milan Martić	**74. Dragoljub Ojdanić**	**75. Nikola Šainović**

Case Number/*Numéro d'affaire*	IT-95-11	IT-99-37	IT-99-37
Indictment/*Mise en accusation*	25/07/1995	24/05/1999	24/05/1999
Transfer to ICTY/*Transfert au TPIY*	15/05/2002	25/04/2002	02/05/2002
Initial Appearance/*Comparution initiale*	21/05/2002, 28/01/2003	26/04/2002	03/05/2002
Initial Plea/*Plaidoyer initial*	Not guilty/*Non coupable*	Not guilty/*Non coupable*	Not guilty/*Non coupable*
Start of Trial/*Début du procès*	Pre-trial/*Mise en état*	Pre-trial/*Mise en état*	Pre-trial/*Mise en état*

	76. Mile Mrkšić	**77. Dušan Knežević**	**78. Radovan Stanković**

Case Number/*Numéro d'affaire*	IT-95-13/1	IT-02-65	IT-98-23/2
Indictment/*Mise en accusation*	07/11/1995	21/11/2002	26/06/1996
Transfer to ICTY/*Transfert au TPIY*	15/05/2002	18/05/2002	10/07/2002
Initial Appearance/*Comparution initiale*	16/05/2002	24/05/2002, 10/12/2002	12/07/2002, 06/03/2003, 04/04/2003
Initial Plea/*Plaidoyer initial*	Not guilty/*Non coupable*	Not guilty/*Non coupable*	Not guilty/*Non coupable*
Start of Trial/*Début du procès*	Pre-trial/*Mise en état*	Pre-trial/*Mise en état*	Pre-trial/*Mise en état*

	79. Milan Milutinović	**80. Haradin Bala**	**81. Isak Musliu**

Case Number/*Numéro d'affaire*	IT-99-37	IT-03-66	IT-03-66
Indictment/*Mise en accusation*	24/05/1999	24/01/2003	24/01/2003
Transfer to ICTY/*Transfert au TPIY*	20/01/2003	18/02/2003	18/02/2003
Initial Appearance/*Comparution initiale*	27/01/2003	20/02/2003	20/02/2003
Initial Plea/*Plaidoyer initial*	Not guilty/*Non coupable*	Not guilty/*Non coupable*	Not guilty/*Non coupable*
Start of Trial/*Début du procès*	Pre-trial/*Mise en état*	15/11/2004 (Scheduled/*Prévu*)	15/11/2004 (Scheduled/*Prévu*)

	82. Agim Murtezi	**83. Vojislav Šešelj**	**84. Fatmir Limaj**

Case Number/*Numéro d'affaire*	IT-03-66	IT-03-67	IT-03-66
Indictment/*Mise en accusation*	24/01/2003	14/02/2003	24/01/2003
Transfer to ICTY/*Transfert au TPIY*	18/02/2003	24/02/2003	04/03/2003
Initial Appearance/*Comparution initiale*	20/02/2003	26/02/2003	05/03/2003
Initial Plea/*Plaidoyer initial*	Not guilty/*Non coupable*	Not guilty/*Non coupable*	Not guilty/*Non coupable*
Start of Trial/*Début du procès*	28/02/2003 Released immediately upon withdrawal of indictment/*Libéré immédiatement après retrait de l'acte d'accusation*	Pre-trial/*Mise en état*	15/11/2004 (Scheduled/*Prévu*)

	85. Naser Orić	**86. Miroslav Radić**	**87. Zeljko Mejakić**

Case Number/*Numéro d'affaire*	IT-03-68	IT-95-13/1	IT-02-65
Indictment/*Mise en accusation*	28/03/2003	07/11/1995, 26/08/2004	21/11/2002
Transfer to ICTY/*Transfert au TPIY*	11/04/2003	17/05/2003	04/07/2003
Initial Appearance/*Comparution initiale*	15/04/2003	21/05/2003	07/07/2003
Initial Plea/*Plaidoyer initial*	Not guilty/*Non coupable*	Not guilty/*Non coupable*	Not guilty/*Non coupable*
Start of Trial/*Début du procès*	06/10/2004	Pre-trial/*Mise en état*	Pre-trial/*Mise en état*

88. Franko Simatović / 89. Jovica Stanišić / 90. Ivica Rajić

	88. Franko Simatović	89. Jovica Stanišić	90. Ivica Rajić
Case Number/*Numéro d'affaire*	IT-03-69	IT-03-69	IT-95-12
Indictment/*Mise en accusation*	01/05/2003	01/05/2003	29/08/1995
Transfer to ICTY/*Transfert au TPIY*	11/06/2003	11/06/2003	24/06/2003
Initial Appearance/*Comparution initiale*	02/06/2003	13/06/2003	27/06/2003, 29/01/2004
Initial Plea/*Plaidoyer initial*	Not guilty/*Non coupable*	Not guilty/*Non coupable*	Not guilty/*Non coupable*
Start of Trial/*Début du procès*	Pre-trial/*Mise en état*	Pre-trial/*Mise en état*	Pre-trial/*Mise en état*

91. Veselin Sljivancanin / 92. Mitar Rašević / 93. Vladimir Kovačević

	91. Veselin Sljivancanin	92. Mitar Rašević	93. Vladimir Kovačević
Case Number/*Numéro d'affaire*	IT-95-13/1	IT-97-25/1	IT-01-42
Indictment/*Mise en accusation*	07/11/1995	17/06/1997	27/02/2001
Transfer to ICTY/*Transfert au TPIY*	01/07/2003	15/08/2003	23/10/2003
Initial Appearance/*Comparution initiale*	03/07/2003, 10/07/2003, 16/02/2004	18/08/2003	03/11/2003
Initial Plea/*Plaidoyer initial*	Not guilty/*Non coupable*	16/09/2003 The judge entereda plea of not guilty on his behalf as he failed to enter a plea/ *Le Juge a pris note en son nom d'un plaidoyer de non culpabilité*	Not guilty/*Non coupable*
Start of Trial/*Début du procès*	Pre-trial/*Mise en état*	Pre-trial/*Mise en état*	Pre-trial/*Mise en état*
Release/*Libération*			07/06/2004 Provisional release for six months/*Libération provisoire pour six mois*

94. Milan Babić / 95. Ivan Cermak / 96. Mladen Markać

	94. Milan Babić	95. Ivan Cermak	96. Mladen Markać
Case Number/*Numéro d'affaire*	IT-03-72	IT-03-73	IT-03-73
Indictment/*Mise en accusation*	17/11/2003	24/02/2004	24/02/2004
Transfer to ICTY/*Transfert au TPIY*	26/11/2003	11/03/2004	11/03/2004
Initial Appearance/*Comparution initiale*	26/11/2003	12/03/2004	12/03/2004
Initial Plea/*Plaidoyer initial*	Not guilty/*Non coupable*	Not guilty/*Non coupable*	Not guilty/*Non coupable*
Change of Plea/*Changement de plaidoyer*	27/01/2004 Guilty/Coupable		
Start of Trial/*Début du procès*		Pre-trial/*Mise en état*	Pre-trial/*Mise en état*
Trial Chamber Judgement/ *Jugement en 1ère instance*	29/06/2004		
Sentence (years' imprisonment)/ *Peine (ans d'emprisonement)*	13		
Appeals Chamber Judgement/ *Jugement en appel*	Pending/*En cours*		

	97. Jadranko Prlić	**98. Bruno Stojić**	**99. Slobodan Praljak**
		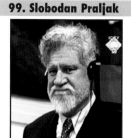	
Case Number/*Numéro d'affaire*	IT-04-74	IT-04-74	IT-04-74
Indictment/*Mise en accusation*	04/03/2004	04/03/2004	04/03/2004
Transfer to ICTY/*Transfert au TPIY*	05/04/2004	05/04/2004	05/04/2004
Initial Appearance/*Comparution initiale*	06/04/2004	06/04/2004	06/04/2004
Initial Plea/*Plaidoyer initial*	Not guilty/*Non coupable*	Not guilty/*Non coupable*	Not guilty/*Non coupable*
Release/*Libération*	09/09/2004 Provisional/ *Provisoire*	09/09/2004 Provisional/ *Provisoire*	09/09/2004 Provisional/ *Provisoire*

	100. Milivoj Petkovic	**101. Valentin Corić**	**102. Berislav Pusić**
		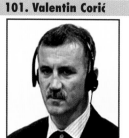	
Case Number/*Numéro d'affaire*	IT-04-74	IT-04-74	IT-04-74
Indictment/*Mise en accusation*	04/03/2004	04/03/2004	04/03/2004
Transfer to ICTY/*Transfert au TPIY*	05/04/2004	05/04/2004	05/04/2004
Initial Appearance/*Comparution initiale*	06/04/2004	06/04/2004	06/04/2004
Initial Plea/*Plaidoyer initial*	Not guilty/*Non coupable*	Not guilty/*Non coupable*	Not guilty/*Non coupable*
Release/*Libération*	09/09/2004 Provisional/ *Provisoire*	09/09/2004 Provisional/ *Provisoire*	09/09/2004 Provisional/ *Provisoire*

	103. Mirko Norać	**104. Ljubisa Beara**
	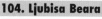	
Case Number/*Numéro d'affaire*	IT-04-78	IT/02/58
Indictment/*Mise en accusation*	20/05/2004	26/03/2002
Transfer to ICTY/*Transfert au TPIY*	08/07/2004 then taken back to Croatia/*puis retour en Croatie*	10/10/2004
Initial Appearance/*Comparution initiale*	08/07/2004	12/10/2004
Initial Plea/*Plaidoyer initial*	Not guilty/*Non coupable*	Pending/*En cours*
Start of Trial/*Début du procès*	Pre-trial/*Mise en état*	

All pictures/*Toutes les photos:* © Audio-visual/ICTY

The witnesses, *unsung heroes of international justice*

Les témoins, héros méconnus de la justice internationale

The testimony of witnesses drives the proceedings of the Tribunal. Unlike the Nuremberg Trials, which were based largely on the Nazi's own extensive documentation of their crimes, the ICTY depends on the victims themselves to tell their story. Their testimony is often given at great emotional expense to the witnesses, who must relive their experiences for the court.

Les témoins sont au cœur des procédures engagées devant ce Tribunal. Contrairement au Tribunal de Nuremberg qui s'appuyait, dans une large mesure, sur les archives des Nazis décrivant exhaustivement leurs crimes de guerre, le TPIY est tributaire des témoins pour connaître la vérité. Témoigner est un acte souvent héroïque : il n'est pas rare que cette expérience se révèle éprouvante.

WHO ARE THE WITNESSES?

The individuals who testify before the court are collectively referred to as witnesses, but they fall into many subcategories depending on their relationship to the work of the Tribunal.

A significant majority are victim witnesses, who personally experienced violence, capture, or rape during the conflict. Others saw crimes take place, and many lost family members, friends, or neighbours.

Some witnesses were involved in the conflict in other ways. Military commanders and politicians may be called to testify, especially in cases of command responsibility. Often 'expert witnesses', such as professors, scientists, or military analysts are called to give their professional assessment of a certain aspect of a case – and although they are referred to as witnesses, they were not necessarily in the region during the conflict, and can assist the court in a consultant capacity.

QUI SONT LES TÉMOINS ?

Les personnes qui témoignent devant le Tribunal sont collectivement désignées par le terme « témoins », mais elles peuvent relever de plusieurs catégories en fonction de leur contribution à l'activité du Tribunal.

Pour la plupart, les témoins sont des victimes qui ont été maltraitées, détenues ou violées au cours du conflit. D'autres ont été témoins des crimes commis et beaucoup d'entre eux ont perdu des proches, des amis ou des voisins.

Certains témoins ont été impliqués dans le conflit à d'autres titres. Des responsables militaires et politiques peuvent être cités à comparaître, en particulier dans les affaires traitant de la responsabilité des supérieurs hiérarchiques. Des « témoins experts », universitaires, scientifiques ou analystes militaires, sont appelés à donner leur opinion éclairée sur tel ou tel aspect d'une affaire et, s'ils sont considérés comme des témoins, c'est en qualité de consultants qu'ils apportent leur concours au Tribunal car ils ne se trouvaient pas nécessairement dans la région pendant le conflit.

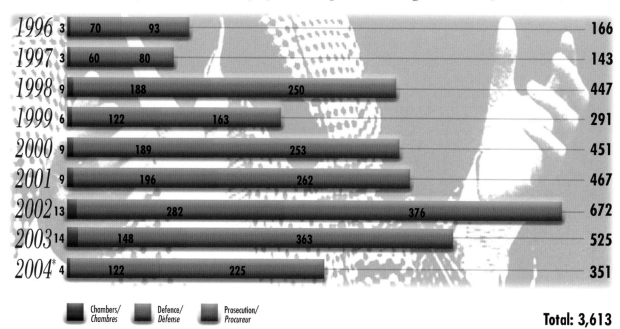

Assisted witnesses and accompanying persons (1996 - *September 2004)
*Témoins et personnes accompagnatrices pris en charge (1996 - *Septembre 2004)*

Année	Chambers	Defence	Prosecution	Total
1996	3	70	93	166
1997	3	60	80	143
1998	9	188	250	447
1999	6	122	163	291
2000	9	189	253	451
2001	9	196	262	467
2002	13	282	376	672
2003	14	148	363	525
2004*	4	122	225	351

Chambers/Chambres   Defence/Défense   Prosecution/Procureur

Total: 3,613

VICTIM WITNESSES FEEL "AN OVERRIDING OBLIGATION" TO TESTIFY...

Finding witnesses is the responsibility of the investigation teams from the Tribunal's Office of the Prosecutor and the Defence teams. They work on the ground in the former Yugoslavia, visiting areas affected by violence, and undertaking the massive project of sifting through all available evidence for each case, including interviewing local residents.

Witnesses come from all areas of the former Yugoslavia, and many other countries as well. Some live as refugees in Europe and North America. They represent a range of ethnic, political, and economic backgrounds.

"In a time of war, anybody can be a victim, and anybody can be a witness", says Wendy Lobwein, the VWS Support Officer. "So witnesses are a huge cross-section of any community. You have farmers, and business people, and professors, and so on."

What this diverse group has in common is a need to share their experiences, to tell the truth about what happened to them and their communities. Especially among victim witnesses, four main themes emerge from the many reasons they give for testifying before the ICTY. They come: to speak for the dead; to seek justice in the present; to tell the world their truth; and to prevent such crimes in the future.

Lobwein and Associate Support Officer Monika Naslund agree that most witnesses feel a powerful motivation to testify. "What a lot of witnesses talk about is an overriding obligation to co-operate", says Lobwein. "We often hear witnesses say that they trust in two things: the Tribunal and God. So some people bring this enormous hope and faith that the Tribunal will do something about justice."

Naslund emphasizes the obstacles that witnesses are willing to overcome in order to testify. "It's incredible how many factors suffer because a person has to come [to the Hague]", she says. "It can put out their family or disturb their work, and then the minute someone asks if they would be available for the next case, they say, 'Absolutely'."

... AND A "SENSE OF FEAR"

But despite such strong personal and ethical motivations, choosing to testify is not a simple matter. "Nobody makes the decision lightly", says Lobwein. Many witnesses fear the consequences of testifying, especially if they or their family still live in the region where the crimes took place, and if family or supporters of the accused live there as well. Reprisals can take the form of insults, demotions or loss of work and threats. "All witnesses have a sense of fear", Lobwein says, "of, 'What is this going to mean? What if there's a reprisal against me?'"

A potential threat to family members is at least as worrying. Lobwein remembers an older witness whose children were killed during the war, and feared her testimony would jeopardize the safety of her surviving grandchildren.

POUR LES VICTIMES, TÉMOIGNER CONSTITUE « UN DEVOIR MORAL » ...

Ces sont les enquêteurs du Bureau du Procureur du Tribunal ou des équipes de la Défense qui recherchent les témoins. Ils effectuent un travail de terrain dans l'ex-Yougoslavie, se rendent dans des zones qui ont été le théâtre de violences et, pour chaque affaire, entreprennent la lourde tâche qui consiste à examiner minutieusement tous les éléments de preuve disponibles, notamment, en s'entretenant avec la population locale.

Les témoins viennent de toutes les régions de l'ex-Yougoslavie ainsi que de nombreux autres pays. Certains sont des réfugiés installés en Europe ou en Amérique du Nord. Ils appartiennent à des groupes ethniques, politiques et socio-économiques très divers.

« En temps de guerre, chaque personne est une victime ou un témoin en puissance, affirme Wendy Lobwein, la fonctionnaire d'appui au sein de la Section d'aide aux victimes et aux témoins. Dans chaque communauté, les témoins représentent donc un large éventail socio-professionnel. Certains sont agriculteurs, d'autres commerçants, d'autres encore universitaires, etc. »

Ce groupe composite a un point commun : le besoin de partager une expérience, de faire connaître la vérité sur ce qui leur est arrivé, à eux et à leur communauté. Parmi les nombreux motifs expliquant leur venue à La Haye, les témoins victimes avancent quatre raisons principales : parler au nom des morts, demander que justice soit faite, dévoiler la vérité aux yeux du monde et empêcher que des crimes semblables ne se reproduisent.

Wendy Lobwein et Monika Naslund, fonctionnaire d'appui adjointe au sein de la Section d'aide aux victimes et aux témoins, conviennent que la plupart des témoins sont extrêmement motivés. « Pour beaucoup d'entre eux, explique Wendy Lobwein, coopérer avec le Tribunal constitue un devoir moral. On les entend souvent dire qu'ils ne font confiance qu'au Tribunal et à Dieu. Certains sont animés de l'espoir fervent que le Tribunal saura rendre justice. »

Monika Naslund souligne les nombreux obstacles que les témoins sont prêts à surmonter pour venir déposer. « On imagine mal le prix que les témoins doivent payer pour venir [à La Haye], dit-elle. Leur famille en souffre, leur travail en pâtit, mais dès qu'on leur demande s'ils sont disposés à revenir témoigner dans une autre affaire, ils n'hésitent jamais à répondre "Oui." »

... QUI S'ACCOMPAGNE D' UN « SENTIMENT DE PEUR »

Toutefois, en dépit de ces motivations personnelles et éthiques incontestables, choisir de venir témoigner ne va pas de soi. « La décision n'est pas facile à prendre », dit Wendy Lobwein. De nombreux témoins en craignent les conséquences, surtout si eux-mêmes ou leur famille habitent encore dans la région où les crimes en cause ont été commis, et si les familles et partisans des accusés y habitent également. Les représailles peuvent se manifester par des insultes, des sanctions professionnelles ou des licenciements et des menaces. « Tous les témoins vivent avec un sentiment de peur, dit Wendy Lobwein, peur de ce qui peut se passer, peur d'éventuelles représailles. »

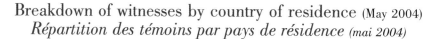

Breakdown of witnesses by country of residence (May 2004)
Répartition des témoins par pays de résidence (mai 2004)

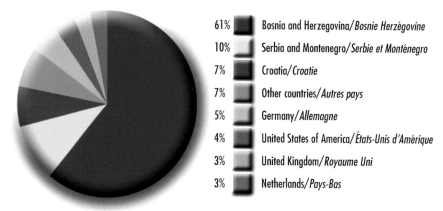

61%	Bosnia and Herzegovina/*Bosnie Herzégovine*
10%	Serbia and Montenegro/*Serbie et Monténegro*
7%	Croatia/*Croatie*
7%	Other countries/*Autres pays*
5%	Germany/*Allemagne*
4%	United States of America/*États-Unis d'Amérique*
3%	United Kingdom/*Royaume Uni*
3%	Netherlands/*Pays-Bas*

Breakdown of witnesses by age (1998 - May 2004)
Répartition des témoins par âge (1998 - mai 2004)

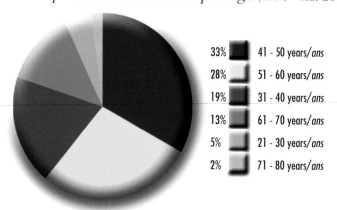

33%	41 - 50 years/*ans*
28%	51 - 60 years/*ans*
19%	31 - 40 years/*ans*
13%	61 - 70 years/*ans*
5%	21 - 30 years/*ans*
2%	71 - 80 years/*ans*

"Her fear was that in 50 years' time, it would be remembered that she testified, that there would be another war and that her grandchildren would suffer", says Lobwein, who travelled to the former Yugoslavia to meet with the woman. "Being there gave me the chance to talk to her in an ordinary way. It gave her the psychological space to think, and she did come [to testify]. She said, "I'm going to do what I can in this life, and just trust in the future to take care of my grandchildren." This is very common. One of their biggest fears is not for themselves but for what their families suffer."

"But also", Naslund adds, "it's one of the biggest motivators. Witnesses say, 'Nothing's going to change for my generation. But for my kids, there's hope for change.'"

TRAVELLING HAS A LOT OF UNKNOWN IMPLICATIONS

Once the decision to testify has been made, the VWS handles all logistical needs for witnesses to travel to The Hague. Marcia Jacobs, an Associate Support Officer at the Sarajevo field office, provides help to witnesses before they even begin their trip. "They're sent to us for various needs. Sometimes they don't have a passport, and they need us to arrange for their travel", she says, "Or maybe they don't have appropriate clothes to testify in The Hague."

Tout aussi préoccupante est la menace qui pèse sur les membres de la famille. Wendy Lobwein se souvient d'un témoin âgé dont les enfants avaient été tués pendant la guerre et qui craignait que sa déposition ne mette en danger la vie de ses petits-enfants.

« Elle craignait que dans cinquante ans, les gens ne se rappellent qu'elle avait témoigné devant le Tribunal, et qu'en cas de guerre, ses petits-enfants n'en pâtissent, raconte Wendy Lobwein, qui a fait le déplacement en ex-Yougoslavie pour y rencontrer cette femme. Là-bas, j'ai eu l'occasion de lui parler le plus simplement du monde. Elle a eu la possibilité de réfléchir posément et elle est venue témoigner. Elle a dit : "Je vais faire tout mon possible de mon vivant dans l'espoir que l'avenir sera clément pour mes petits-enfants". Une telle réaction n'est pas rare. Ce n'est pas pour eux-mêmes que les témoins ont peur, c'est pour leur famille. »

Monika Naslund ajoute : « La peur est aussi un puissant facteur de motivation. Les témoins disent : "Ça ne va rien changer pour les gens de notre génération, mais pour nos enfants, il y a de l'espoir." »

VOYAGER : UNE GRANDE INCONNUE

Une fois leur venue à La Haye acquise, la Section d'aide aux victimes et aux témoins prend toutes les dispositions nécessaires pour le voyage des témoins. Marcia Jacobs, fonctionnaire

Many witnesses need to arrange for childcare during their absence, but often there are also elderly relatives who need to be looked after, or family members who were handicapped during the war and require special care.

Witnesses from rural areas must find someone to look after their crops and livestock during their absence.

"Primary producers are tricky", says Lobwein, "because somebody's got to water the crops, somebody's got to milk the cows, someone's got to feed the sheep." These witnesses often employ a friend or neighbour to look after their farms.

When all the travel arrangements are in place, a VWS field assistant will escort the witness to the airport. Some witnesses choose to travel alone, but they may be accompanied by a VWS assistant or a support person of their choosing, such as a friend or family member. When they arrive in The Netherlands, they are greeted by local VWS staff, and are escorted to their accommodations. Most witnesses are housed at hotels, but the locations are not publicly disclosed for security reasons. "We have support staff who welcome them and give them more details about what to expect here in The Hague", says Naslund. "They're briefed on details about the court, issues about confidentiality and privacy. Even what to do in the event that they get lost."

Witnesses also have access to assistance around the clock while they're in The Hague. When she was staffing the Section in the late 90s, Lobwein opted to create a 24-hour support service instead of hiring a professional psychiatrist. "Instead of a medical or clinical environment, it's more of a support environment", she says.

"It's an incredibly diverse group of people providing a diverse range of services", says Naslund of the witness assistant team. "It's completely witness-driven. If someone wants to visit Amsterdam, or go to a mosque, we can arrange that. Sometimes it's a walk on the beach, or a visit to a museum, as a way of diverting their attention. The witness assistants are also careful to keep their work separate from the legal aspects of testifying," Naslund says. "They communicate to the witnesses, 'We're here for your well-being, and nothing else.'"

d'appui adjointe chargée de l'aide aux témoins à l'antenne de la Section à Sarajevo, apporte son aide aux témoins avant même le début de leur périple. « Leurs besoins sont divers. Parfois, ils n'ont pas de passeport, et ils ont besoin qu'on organise leur voyage, dit Marcia Jacobs. Parfois, ils n'ont pas de vêtements adaptés à l'occasion. »

De nombreux témoins doivent prévoir et organiser la garde de leurs enfants pendant leur absence, ou encore celle de parents âgés ou invalides de guerre nécessitant des soins particuliers.

Les témoins originaires de la campagne doivent trouver quelqu'un pour s'occuper des cultures et du bétail en leur absence.

« Les agriculteurs posent des problèmes particuliers, explique Wendy Lobwein, car il leur faut quelqu'un pour arroser les cultures, traire les vaches, nourrir les moutons. » Ces témoins font souvent appel à un ami ou à un voisin pour qu'il s'occupe de leur ferme.

Lorsque toutes les dispositions ont été prises, un assistant de la Section d'aide aux victimes et aux témoins présent sur le terrain escorte le témoin jusqu'à l'aéroport. Certains témoins préfèrent voyager seuls, mais ils peuvent choisir de se faire accompagner par un assistant de la Section d'aide aux victimes et aux témoins ou par toute autre personne de leur choix, ami ou membre de la famille. À leur arrivée aux Pays-Bas, les témoins sont accueillis par le personnel local de la Section d'aide aux victimes et aux témoins qui les accompagne jusqu'à leur lieu d'hébergement. La plupart des témoins logent dans des hôtels, mais leur lieu d'hébergement est tenu secret pour des raisons de sécurité. « Notre personnel d'appui les accueille et leur donne des informations complémentaires sur ce qu'on attend d'eux, rapporte Monika Naslund. On leur donne des détails sur le Tribunal, on aborde avec eux la question de la confidentialité partielle ou totale des débats. On leur explique même ce qu'ils doivent faire si jamais ils se perdent. »

Les témoins bénéficient également d'une assistance permanente pendant leur séjour à La Haye. Lorsqu'elle participait au recrutement du personnel de la Section d'aide aux victimes et aux témoins à la fin des années quatre-vingt-

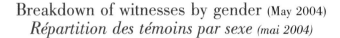

Breakdown of witnesses by gender (May 2004)
Répartition des témoins par sexe (mai 2004)

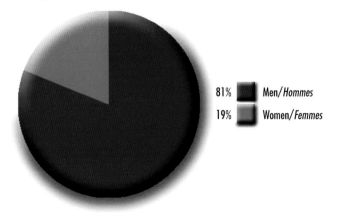

81% Men/*Hommes*
19% Women/*Femmes*

"LET'S COUNT THE BEATS OF YOUR HEART"

On the day of giving testimony, the witnesses are picked up by a member of the Operations Unit. Once at the Tribunal, witnesses are taken to one of the waiting rooms adjacent to

The Victims and Witnesses Section

In a clear recognition of the importance of the witnesses in the Tribunal's proceedings, the Rules of Procedure and Evidence (Rule 34) establishes a Victims and Witnesses Section (VWS).

Part of the Tribunal's Registry, the Section works to ensure that all witnesses can testify in safety and security, and that the experience of testifying does not result in further harm, suffering or trauma to the witness. The Victims and Witnesses Section ensures that all witnesses, either for Prosecution, for the Defence, or those called by Chambers, are informed about their rights and entitlements and have equitable access to the services of the section.

Rule 34 of the ICTY's Rules of Procedure and Evidence directs the Section to recommend protection measures in accordance with Article 22 of the Statute, and to provide counselling and support for victims and witnesses.

Rule 34
Victims and Witnesses Section

(A) There shall be set up under the authority of the Registrar a Victims and Witnesses Section consisting of qualified staff to:
  (i) recommend protective measures for victims and witnesses in accordance with Article 22 of the Statute; and
  (ii) provide counselling and support for them, in particular in cases of rape and sexual assault.

(B) Due consideration shall be given, in the appointment of staff, to the employment of qualified women.

There are three Units in the Victims and Witnesses Section. The Protection Unit co-ordinates responses to security requirements, the Support Unit provides social and psychological counselling and assistance to witnesses, and the Operations Unit is responsible for logistical operations and witness administration.

dix, Wendy Lobwein a recommandé de créer un service de soutien à la disposition des témoins vingt-quatre heures sur vingt-quatre plutôt que de recruter un psychiatre. « Ce que nous leur offrons, c'est davantage un soutien qu'un cadre médical ou clinique. »

« La Section emploie des gens d'horizons très divers qui fournissent une gamme variée de services, explique Monika Naslund. Les témoins sont l'unique préoccupation de la Section. Si un témoin souhaite visiter Amsterdam ou se rendre à la mosquée, nous répondons à son souhait. Parfois, pour se distraire, les témoins veulent se promener sur la plage ou aller au musée. » Les assistants chargés des témoins veillent à faire la distinction entre leur travail et les aspects juridiques du témoignage. Selon Monika Naslund, « ils disent aux témoins : "Nous ne sommes là que pour assurer votre bien-être." »

*« COMPTONS ENSEMBLE LES BATTEMENTS
DE VOTRE CŒUR... »*

Le jour de leur déposition, les témoins sont escortés jusqu'au Tribunal par un membre du Groupe des opérations. À leur arrivée, ils sont installés dans l'une des salles d'attente attenantes aux salles d'audience. Aménagées de manière simple mais confortable, les salles d'attente comportent un canapé, une table et une machine à café. Les fenêtres donnent sur la cour et la fontaine du Tribunal. Des affiches de paysages exotiques sont accrochées aux murs. Wendy Lobwein souligne l'importance de ces petits détails. « Lorsque l'on a connu la violence et la captivité, toute expérience ultérieure, pour être un tant soit peu bénéfique, doit être aussi différente que possible de ce que l'on a vécu, dit-elle. C'est pour cela que nous décorons ces pièces, que nous y disposons de la nourriture et des rafraîchissements, que nous les agrémentons de quelques affiches. »

VWS Organizational Chart
(October 2004)

Organigramme SAVT
(octobre 2004)

CHIEF OF SECTION
CHEF DE SECTION

Legal Officer *Juriste*	OPERATIONS UNIT Liaison Officer *GROUPE DES OPÉRATIONS* *Fonctionnaire chargé de la liaison*	PROTECTION UNIT 1 Protection Officer 2 Associate Protection Officers *GROUPE DE PROTECTION* *1 Fonctionnaire chargé de la protection* *2 Adjoints chargés de la protection*	SUPPORT UNIT 1 Support Officer 2 Associate Support Officers *GROUPE D'APPUI* *1 Fonctionnaire d'appui* *2 Adjoints d'appui*	SARAJEVO FIELD OFFICE Associate Protection Officer Associate Support Officer *ANTENNE DE SARAJEVO* *Adjoint chargé de la protection* *Adjoint d'appui*
	6 Trial Assistants 4 Field Assistants 4 Witness Clerks *6 Assistants judiciaires* *4 Assistants sur le terrain* *4 Commis (aide aux témoins)*	Witness Assistant Language Assistant Admin Assistant Field Assistant Witness Clerk *Assistant (aide aux témoins)* *Assistant linguistique* *Assistant administratif* *Assistant sur le terrain* *Commis (aide aux témoins)*	10 Witness Assistants Language Assistant *10 Assistants (aide aux témoins)* *Assistant linguistique*	Language Assistant *Assistant linguistique*

1994
2004
ICTY
TPIY

the courtrooms. These rooms are simply but comfortably furnished with a couch, table, and coffee machine. The windows overlook the Tribunal's courtyard and fountain, and framed posters of Pacific island scenes hang on the walls. Lobwein stresses the importance of these small details. "When people have been through experiences of violence and capture, any experience after that, to be of any benefit to them, has to be as unlike that experience as possible", she says. "So that is why we decorate these rooms, why we try to put some food, some drinks, some pictures in them."

It is in these small, cosy rooms that witnesses endure the last moments of anticipation before entering the courtroom. "I can't specify enough the individuality of the reaction", says Naslund. "And the enormous range. Fear is there of course, fear of speaking publicly, fear of seeing the accused, fear of the formalness of the court."

Naslund and her colleagues are careful to assess the emotional state of each witness. Lobwein responds differently to each person's feelings. "If I see that you're becoming too distressed I

La Section d'aide aux victimes et aux témoins

En prévoyant la création d'une Section d'aide aux victimes et aux témoins, l'article 34 du Règlement de procédure et de preuve du TPIY a consacré l'importance du rôle des témoins dans les procédures engagées devant le Tribunal.

Rattachée au Greffe du Tribunal, la Section d'aide aux victimes et aux témoins a pour mission de veiller à ce que tous les témoins puissent témoigner en toute sécurité et à ce que leur témoignage ne constitue pas pour eux une source supplémentaire de douleurs, de souffrances et de traumatismes. La Section d'aide aux victimes et aux témoins s'assure que tous les témoins, qu'ils soient à charge, à décharge ou cités par les Chambres, sont informés de leurs droits et peuvent, en toute équité, avoir accès aux services proposés.

L'article 34 du Règlement de procédure et de preuve du

Article 34
Section d'aide aux victimes et aux témoins

A) Il est créé auprès du Greffier une Section d'aide aux victimes et aux témoins, composée d'un personnel qualifié et chargée de :
  i)   recommander l'adoption de mesures de protection des victimes et des témoins conformément à l'article 22 du Statut ;
  ii) fournir conseils et assistance aux victimes et aux témoins, particulièrement en cas de viols et violences sexuelles.

B) Il est dûment tenu compte, lors de la nomination du personnel de la Section, de la nécessité d'y employer des femmes ayant une formation spécialisée.

TPIY dispose que la Section est chargée de recommander l'adoption de mesures de protection conformément à l'article 22 du Statut et de fournir conseils et assistance aux victimes et aux témoins.

C'est dans ces pièces, petites mais agréables, que les témoins doivent endurer, quelques instants encore, le calvaire de l'attente qui les sépare de leur entrée dans le prétoire. « Je ne dirai jamais assez à quel point les réactions varient d'un témoin à l'autre, dit Monika Naslund. Il y a toutes sortes de réactions. Tous les témoins ont peur, bien sûr. Peur de s'exprimer en public, peur de se retrouver face aux accusés, peur du cadre formel de la situation. »

Monika Naslund et ses collègues s'efforcent d'évaluer au mieux l'état émotionnel de chaque témoin. Wendy Lobwein modifie son approche en fonction des sentiments ressentis par ceux-ci. « Si je vois qu'ils commencent à paniquer, je peux, par exemple, leur parler de ce que l'on voit dehors, explique-t-elle, ou leur demander comment était l'hôtel, simplement pour qu'ils pensent à autre chose. Si je vois que le fait d'essayer de leur faire oublier leur angoisse ne fait qu'empirer les choses ou leur paraît absurde, je leur dis parfois : "Essayons de trouver un moyen de calmer ces palpitations. Comptons ensemble les battements de votre cœur." »

L'EXPÉRIENCE DOULOUREUSE DE LA COMPARUTION

Pour de nombreux témoins, se retrouver face aux accusés dans le prétoire est peut-être l'aspect le plus pénible de leur déposition. Comme l'explique Wendy Lobwein, « [le témoin et l'accusé] se trouvent réunis dans la même salle d'audience. C'est quelque chose que même un témoin bien préparé a du mal à comprendre. Certains témoins pensent que s'ils bénéficient de mesures de protection, cela signifie que les accusés ne sauront rien de leur identité. Or, il est crucial, dans l'intérêt de la justice, que l'accusé ait le droit de connaître l'identité de ceux qui portent des accusations contre lui. Il doit être en mesure de se défendre. »

La plupart des témoins se retrouvent ainsi confrontés aux personnes responsables d'actes de violence dont leur communauté, leur famille, voire eux-mêmes ont été victimes. Wendy Lobwein se souvient d'un témoin particulièrement bouleversé par la présence de l'accusé dans le prétoire. « Un jour, un témoin appelé à la barre est sorti de la salle lorsque l'audience a été suspendue. Il était totalement paniqué et disait : "Il peut encore avoir ma peau, il peut se pencher et m'étrangler!" J'ai dû le raccompagner dans le prétoire et lui expliquer : "Vous êtes assis ici. Vous voyez, les agents de sécurité sont assis là." Il me fallait l'aider à créer une certaine distance. »

Il arrive plus fréquemment, cependant, qu'en venant déposer, les témoins n'éprouvent plus la même crainte à l'égard des accusés. « Ceux qui viennent témoigner en tant que victimes disent souvent qu'ils se sentent libérés de leur peur, remarque Wendy Lobwein. Ils tiennent ensuite des propos du genre : "J'ai compris qu'il ne pouvait plus me faire de mal", ou "C'était tellement bien de savoir que je pouvais partir sans qu'il puisse me suivre". Nombreux sont les témoins qui trouvent que leur comparution leur a permis de remettre les choses en perspective. »

Monika Naslund décrit cette prise de conscience en termes de pouvoir. « Ce qui semble revenir constamment, c'est la

might talk to you about what we see outside", she says, "or ask what the hotel was like, just for another alternative for what to think about. Or, if I see that distracting you from your anxiety would be worse or not make sense to you, then I might say, 'How can you calm your heart down? Let's count the beats.'"

THE PAINFUL EXPERIENCE OF APPEARING IN COURT

The experience of seeing the accused in the courtroom is perhaps the most unnerving aspect of testimony for many of the witnesses. "The witness and the accused are all in the courtroom together", says Lobwein. "And this is something that even a well-informed witness has a hard time understanding. Sometimes witnesses do believe that protection means the accused won't know who they are. But it's fundamental to justice that the accused has a right to know the identity of the accuser. They have to be able to defend themselves."

Most witnesses find themselves confronting the person who was responsible for violence against their communities, their families, or even against them personally. Lobwein remembers a witness who was especially agitated by the presence of the accused. "One witness who had been on the stand came out for a recess, and he was in an absolute panic. He was saying, 'He can still get me, he can lean over and strangle me!' And I had to take him back to the courtroom and say, 'You sit here. Do you see the security sits there?' I had to give him a sense of distance."

More often, though, the experience of testifying lets the witness re-evaluate their fear of the accused. "Victim witnesses frequently will say that they feel a release from fear", Lobwein notes. "They'll say things like, 'I realized he can't hurt me anymore', or, 'It was so good to know I could walk away and he couldn't follow me.' So a lot of witnesses find that it puts things back into perspective."

question du renversement total de l'équilibre des pouvoirs, dit-elle. Les témoins peuvent éprouver de la peur à l'idée de voir les accusés car ils se rappellent l'emprise que ceux-ci avaient sur eux. Une fois terminée leur déposition, ils disent : "Oh, il est beaucoup plus vieux, ses cheveux sont grisonnants, il paraît chétif." L'accusé n'a plus le pouvoir qu'il détenait à une certaine époque. Le témoin se dit : "Aujourd'hui, c'est moi qui ai plus de pouvoir." »

Même ceux qui ne témoignent pas en tant que victimes éprouvent des sentiments très forts par rapport à leur déposition, selon Wendy Lobwein. « Tous les témoins qui comparaissent devant le Tribunal endurent des souffrances terribles lorsqu'ils doivent relater leur expérience très personnelle des événements, remarque-t-elle. Il faut préciser que les habitants de la région n'ont pas été les seules victimes de la guerre. »

RENTRER CHEZ SOI ET CONTINUER À VIVRE

Pour certains témoins, un autre type d'épreuve commence à leur retour. Ceux qui vivent dans des régions d'ex-Yougoslavie à composition ethnique mixte peuvent être en butte à des réactions hostiles suscitées par le fait qu'ils sont venus témoigner. Il peut arriver qu'ils soient marginalisés par ceux qui, hier, étaient « dans le même camp » mais qui pensent aujourd'hui que la mise à jour des crimes de guerre ne fera que diviser davantage des communautés encore fragiles.

Certains témoins sont d'avis que les mesures de protection octroyées par le Tribunal ne sauraient garantir la protection de leur vie privée, et ce, pour la simple raison que leur absence momentanée ne peut en aucun cas passer inaperçue. Wendy Lobwein se souvient d'une affaire dans le cadre de laquelle plusieurs femmes du même quartier étaient venues témoigner devant le Tribunal : « Même si l'intégralité de leur déposition s'est déroulée à huis clos, le simple fait de quitter son quartier

A wide range of possible protective measures

Article 22 of the Tribunal's Statute provides for the protection of victims and witnesses. The Tribunal constantly strives to achieve a balance between providing necessary protection measures to witnesses while also upholding the principle of openness as a fundamental aspect of international justice. To this end, Chambers must approve a witness's request for protection. 'The judges have a commitment to [the proceedings] being available to the international community and the people of the former Yugoslavia, and that justice that's hidden isn't justice', says Lobwein.

Depending on the potential threat to the witness, a Chamber may approve various protection measures, including the use of a pseudonym and the application of voice and image distortions on the audio-visual record of the hearing, which is accessible to the media. If these measures are ruled insufficient, testimony may be given *in camera*, wherein testimony is given behind closed doors, and the transcript is not made public.

Une gamme étendue de mesures de protection

L'article 22 du Statut du Tribunal garantit la protection des victimes et des témoins. Le Tribunal s'efforce constamment de parvenir à un équilibre entre l'octroi de mesures de protection suffisantes aux témoins, d'une part, et le maintien du principe de transparence, fondamental pour la justice internationale, d'autre part. À cette fin, la Chambre se doit de faire droit à toute requête demandant l'octroi de mesures de protection en faveur d'un témoin. Il n'en reste pas moins, comme le souligne Wendy Lobwein, que " [les] juges sont tenus de veiller à ce que [les procès] puissent être suivis par la communauté

internationale et les peuples de l'ex-Yougoslavie ; une justice cachée n'est pas une justice digne de ce nom. "

Selon les risques encourus par le témoin, une Chambre peut ordonner différentes mesures de protection, notamment l'utilisation d'un pseudonyme ou de moyens techniques permettant l'altération de l'image ou de la voix sur le circuit de télévision accessible aux médias. Si ces mesures sont jugées insuffisantes, la déposition peut se dérouler à huis clos, auquel cas nul ne peut suivre les débats ni avoir accès au compte rendu d'audience y afférent.

Protective measures at ICTY (1998 - 2004)
Mesures de protection appliquées au TPIY (1998 - 2004)

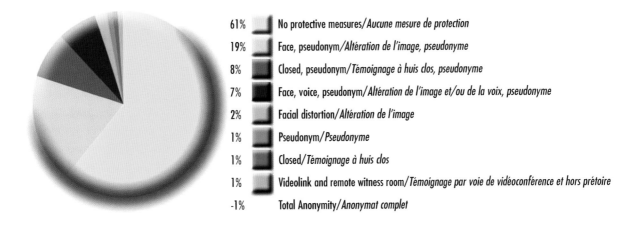

61%	No protective measures/*Aucune mesure de protection*
19%	Face, pseudonym/*Altération de l'image, pseudonyme*
8%	Closed, pseudonym/*Témoignage à huis clos, pseudonyme*
7%	Face, voice, pseudonym/*Altération de l'image et/ou de la voix, pseudonyme*
2%	Facial distortion/*Altération de l'image*
1%	Pseudonym/*Pseudonyme*
1%	Closed/*Témoignage à huis clos*
1%	Videolink and remote witness room/*Témoignage par voie de vidéoconférence et hors prétoire*
-1%	Total Anonymity/*Anonymat complet*

Naslund describes this realisation in terms of power. "What constantly seems to reoccur is that the power balance is really reversed", she says. "Witnesses might fear seeing the accused, because they remember the power that the accused had over them. And they will come back [from testifying], and they will say, 'Oh, he's much older and greyer and thinner.' There's something lost about the power that this man once had. The witness has the realization, 'I have more power today.'"

Even witnesses who were not victims experience intense feelings about their testimony, according to Lobwein. "Any witness who testifies here goes through some of that extraordinary pain, for having to speak so intimately about these events", she observes. "People who lived there were not the only victims of that war, when it comes to witnesses."

RETURNING HOME, AND MOVING ONE

For some witnesses, a different sort of trial begins when they've returned home. Witnesses who live in ethnically mixed areas of the former Yugoslavia can be subject to hostility because they've testified. They may be shirked by people who were 'on the same side', but feel that exposure of war crimes will only further divide communities that remain fragile.

Some witnesses find that court protection measures cannot guarantee their privacy, simply because leaving their community is noticeable. Lobwein remembers a case for which several women from the same neighbourhood came to the Tribunal: "Their testimony was all given in closed session, but leaving their neighbourhood is a big public event. In places like Bosnia and Kosovo where community awareness is so much stronger, to leave is visible." In cases of extreme risk, the Tribunal will make arrangements for witness relocation.

The ICTY field office can provide witnesses with help finding social assistance after their testimony. Psychological services

est un événement dont tout le monde est au courant. Dans des endroits tels que la Bosnie et le Kosovo, où les liens de proximité sont tout particulièrement étroits, toute absence est remarquée. » Si les témoins encourent des risques trop importants, le Tribunal prendra les mesures qui s'imposent en vue de leur relocalisation.

L'antenne du TPIY peut fournir aux témoins une aide sociale dans la période qui suit leur déposition. Un soutien psychologique peut également leur être proposé afin de les aider à faire face au « contrecoup » émotionnel que peut provoquer l'épreuve de la comparution.

Les témoins reçoivent une compensation financière pour le manque à gagner occasionné par leur absence. La procédure de compensation donne parfois lieu à des calculs très compliqués. Wendy Lobwein se rappelle la situation difficile d'un producteur de melons originaire d'ex-Yougoslavie qui avait perdu toute sa récolte alors qu'il séjournait à La Haye pour y témoigner. « Lorsqu'il est rentré chez lui, la récolte des melons avait déjà commencé. Ses melons s'étaient ratatinés ou avaient été volés. Il nous a fallu calculer le nombre de melons qui pouvaient pousser sur la surface du champ, le prix de vente du melon sur le marché à l'époque, ainsi que le pourcentage de la récolte habituellement vendu par un producteur. Nous lui avons versé une compensation financière en conséquence. »

Alors que certains témoins ne peuvent faire autrement que de retrouver les conditions difficiles qui persistent en ex-Yougoslavie, Monika Naslund espère que l'expérience qu'ils ont vécue à La Haye leur donne du courage pour affronter la situation.

Son visage s'illumine lorsqu'elle raconte l'histoire de Fikret[1], un homme qui a témoigné au sujet de la période qu'il avait passée en détention. Après le conflit, Fikret a travaillé

---

[1] Un pseudonyme est utilisé ici afin de protéger la vie privée du témoin.

can also be arranged, to assist witnesses in dealing with the emotional 'fallout' of testifying.

Reimbursement is provided to witnesses for the wages lost during the time they were testifying. Sometimes the compensation procedures lead to tricky math. Lobwein recalls the predicament of a melon farmer from the former Yugoslavia who lost his crop while he was testifying in The Hague: "When he got back it was the peak of the melon season, and his melons had shrivelled up and died, and the rest were stolen. We had to work out how many melons you could grow on that much land, what was the market price of melons at the time, what percentage of the crop does a farmer normally sell, and then compensate him for that."

While some witnesses must return to the difficulties that persist in the former Yugoslavia, Naslund is hopeful that their experience at The Hague empowers them to cope.

Naslund lights up as she relates the story of Fikret[1], a man who testified about his experience as a detainee. After the conflict, he worked for several years as an organizer for a support association for detainee survivors. "He'd been doing lots of volunteer work for families and survivors, and he took his work very seriously", she says. "He came to testify and it went well; he was highly valued as a witness for the prosecution. He left here with a satisfied feeling."

Then Naslund encountered Fikret when she was visiting the Sarajevo Field Office about six weeks after his testimony. "He came to the office because there was a problem with his work; not just with the circumstances of his job, but with himself. He was quite unsettled. He knew me from The Hague, so we talked, and he was describing how he was feeling now that testifying was over, a kind of emptiness."

"I said, 'You've given a lot of what you've been carrying for years to the Tribunal, and now you've got this space. Can you imagine filling that space with something else?' Fikret thought for a moment and he said, 'You mean like love?' He spoke about his adult sons who were at university and how little time he spent with them, because he worked so much for the [survivors'] association. And he realized it was time to focus on his family."

"It's really exciting that witnesses are getting on with their lives, and doing wonderful things as well," she says. "We get postcards about weddings and pregnancies, and phone calls at momentous times."

"What's hard is people going back unemployment, to corruption, to absolute hardship", Naslund observes. "Those things don't change. But maybe the power to do something about it does. It's very reassuring to people that humanity is alive and well."

plusieurs années pour une association de soutien aux anciens détenus.

« Il consacrait beaucoup de son temps à aider bénévolement les familles et les rescapés, et prenait son travail très au sérieux, se souvient Monika Naslund. Lorsqu'il est venu témoigner, tout s'est bien passé ; sa déposition en tant que témoin à charge a été précieuse. Il est reparti satisfait. »

Six semaines plus tard environ, Monika Naslund a revu Fikret alors qu'elle était en visite à l'antenne de la Section à Sarajevo. « Il est passé au bureau. Son travail lui posait problème. Le problème, en fait, ne venait pas seulement du travail mais aussi de lui-même. Il était très perturbé. Comme il m'avait rencontrée à La Haye, nous avons parlé. Il m'a décrit ce qu'il ressentait, maintenant qu'il avait témoigné, une sorte de vide. Je lui ai dit : "Vous avez laissé au Tribunal une partie importante du fardeau que vous portez en vous depuis des années et maintenant il reste un vide. Pensez-vous pouvoir remplir ce vide avec autre chose?" Après avoir réfléchi quelques instants, Fikret a répondu : "Vous voulez dire, avec de l'amour par exemple?" Il a ensuite parlé de ses fils, adultes à présent, qui étudiaient à l'université. Il passait peu de temps avec eux parce qu'il travaillait beaucoup pour l'association [des rescapés]. Soudain, il s'est rendu compte que le moment était venu pour lui de se consacrer davantage à sa famille. »

« Il est vraiment formidable de voir que les témoins reprennent leur vie en main et font des choses magnifiques, dit-elle. Nous recevons des cartes postales à l'occasion de mariages ou de grossesses, et des coups de téléphone lorsqu'il se passe quelque chose de très important. »

« Ce qui est dur, c'est que ces gens, à leur retour, sont confrontés au chômage, à la corruption, à la pauvreté absolue, fait remarquer Monika Naslund. Ces choses-là ne changent pas. En revanche, le pouvoir de faire changer les choses, lui, est peut-être en train d'évoluer. Beaucoup sont rassurés de voir que l'humanité est en vie et se porte bien. »

Thanks to Wendy Lobwein, Monika Naslund, Dita Agoli, and Marcia Jacobs for their time and contributions.

[1] A pseudonym is used to protect the individual's privacy.

Merci à Wendy Lobwein, Monika Naslund, Dita Agoli et Marcia Jacobs pour leur temps et leur contribution.

Judges, Prosecutors and Registrars

Juges, Procureurs et Greffiers

Judges

November 2004

In alphabetical order.
The dates indicate the first day of each Judge's term
and the last day of the mandate or the date of
resignation.

Juges

Novembre 2004

Par ordre alphabétique.
Les dates correspondent à la prise de fonctions et à leur
cessation, soit que le mandat ait échu, soit que son titulaire
ait démissionné.

Georges Michel Abi-Saab

Egypt/*Égypte*
17/11/1993 - 01/10/1995

© *Raphael Gaillarde/Gamma RPB*

Carmel A. Agius

Malta/*Malte*
22/11/2001 -

© *Zoran Lesic/ICTY*

Jean-Claude Antonetti

France
01/10/2003 -

© *Zoran Lesic/ICTY*

Carmen Maria Argibay

Argentina/*Argentine*
05/11/2002 -
Ad litem

© *Zoran Lesic/ICTY*

Mohamed Bennouna

Morocco/*Maroc*
16/11/1998 - 28/02/2001

© *Robert Goddyn*

Iain Bonomy

United Kingdom/*Royaume Uni*
07/06/2004 -

© *Ko van Hespen/ICTY*

Hans Henrik
Brydensholt

Denmark/*Danemark*
21/09/2004 -
Ad litem

© *Ko van Hespen/ICTY*

Joaquín Martín Canivell

Spain/*Espagne*
02/05/2003 -
Ad litem

© *Zoran Lesic/ICTY*

Antonio Cassese

Italy/*Italie*
17/11/1993 - 17/02/2000
President/*Président*
11/1993 - 11/1997

© *Raphael Gaillarde/Gamma-RPB*

Jules Deschênes

Canada
17/11/1993 - 01/05/1997
✝ 10/05/2000

© *Raphael Gaillarde/Gamma-RPB*

Fatoumata Diarra (Dembele)

Mali
06/09/2001 - 11/03/2003
Ad litem

© Zoran Lesic/ICTY

Mohamed Amin El Abbassi Elmahdi

Egypt/*Egypte*
22/11/2001 -

© Zoran Lesic/ICTY

Mohamed El Habib Fassi Fihri

Morocco/*Maroc*
14/03/2001 - 16/11/2001
10/04/2002 - 01/11/2002 (*Ad litem*)

© Zoran Lesic/ICTY

Albin Eser

Germany/*Allemagne*
21/09/2004 -
Ad litem

© Ko van Hespen/ICTY

Mehmet Güney

Turkey/*Turquie*
11/07/2001 -

© Zoran Lesic/ICTY

Maureen Harding Clark

Ireland/*Irlande*
06/09/2001 - 11/03/2003
Ad litem

© Zoran Lesic/ICTY

David Anthony Hunt

Australia/*Australie*
16/11/1998 - 16/11/2003

© Zoran Lesic/ICTY

Saad Saood Jan

Pakistan
04/09/1996 - 16/11/1998

© ICTY

Ivana Janu

Czech Republic/
République Tchèque
06/09/2001 - 11/09/2004
Ad litem

© Zoran Lesic/ICTY

Claude Jorda

France
19/01/1994 - 11/03/2003
President/*Président*
11/1999 - 02/2003

© Zoran Lesic/ICTY

Adolphus Godwin Karibi-Whyte

Nigeria
17/11/1993 - 16/11/1998
Vice-President/*Vice-Président*
11/1995 - 11/1997

© Raphael Gaillarde/Gamma-RPB

Gabrielle Kirk McDonald

United States of America/
États-Unis d'Amérique
17/11/1993 - 17/11/1999
President/*Présidente*
11/1997 - 11/1999

© Raphael Gaillarde/Gamma-RPB

© Zoran Lesic/ICTY

O-Gon Kwon

South Korea/*Corée du Sud*
22/11/2001 -

© Unknown

Germain Le Foyer De Costil

France
17/11/1993 - 01/01/1994

© Raphael Gaillarde/Gamma-RPB

Li Haopei

China/*Chine*
17/11/1993 - 16/11/1997
✝ 06/11/1997

© Zoran Lesic/ICTY

Per-Johan Viktor Lindholm

Finland/*Finlande*
10/04/2002 - 17/10/2003
Ad litem

© Zoran Lesic/ICTY

Liu Daqun

China/*Chine*
03/04/2000 -

© Zoran Lesic/ICTY

Richard George May

United Kingdom/*Royaume Uni*
17/11/1997 - 30/05/2004
✝ 01/07/2004

© Zoran Lesic/ICTY

Theodor Meron

United States of America/
États-Unis d'Amérique
22/11/2001 -
President/*Président* 02/2003 -

© Raphael Gaillarde/Gamma-RPB

Florence Ndepele Mwachande Mumba

Zambia/*Zambie*
17/11/1997 -
Vice-President/*Vice-Présidente*
11/1999 - 11/2001

© Zoran Lesic/ICTY

Rafael Nieto-Navia

Colombia/*Colombie*
17/11/1997 - 16/11/2001
03/12/2001 - 05/12/2003
(*Ad Litem*)

© Raphael Gaillarde/Gamma-RPB

Elizabeth Odio-Benito

Costa Rica
17/11/1993 - 16/11/1998
Vice-President/*Vice-Présidente*
11/1993 - 11/1995

© Zoran Lesic/ICTY

Alphonsus Martinus Maria Orie

The Netherlands/*Pays-Bas*
22/11/2001 -

© Zoran Lesic/ICTY

Kevin Parker

Australia/*Autralie*
08/12/2003 -

Fausto Pocar

Italy/*Italie*
01/02/2000 -
Vice-President/*Vice-Président*
02/2003 -

**Vonimbolana
Rasoazanany**

Madagascar
19/11/2003 -
Ad litem

**Fouad
Abdel-Moneim
Riad**

Egypt/*Egypte*
04/10/1995 - 16/11/2001

Patrick Lipton Robinson

Jamaica/*Jamaïque*
16/11/1998 -

**Almiro Simões
Rodrigues**

Portugal
17/11/1997 - 16/11/2001

Wolfgang Schomburg

Germany/*Allemagne*
22/11/2001 -

Mohamed Shahabuddeen

Guyana
16/06/1997 -
Vice-President/*Vice-Président*
11/2001 - 02/2003

Rustam S. Sidhwa

Pakistan
17/11/1993 - 15/07/1996
✝31/03/1997

Amarjeet Singh

Singapore/*Singapour*
06/09/2001 - 05/04/2002
Ad litem

Sir Ninian Stephen

Australia/*Australie*
17/11/1993 - 16/11/1997

Albertus Swart

Netherlands/*Pays-Bas*
01/12/2003 -
Ad litem

Chikako Taya

Japan/*Japon*
06/09/2001 - 01/09/2004
Ad litem

Krister Thelin

Sweden/*Suède*
15/12/2003 -
Ad litem

© *Zoran Lesic/ICTY*

Christine Van Den Wyngaert

Belgium/*Belgique*
15/12/2003 -
Ad litem

© *Zoran Lesic/ICTY*

Volodymyr Vassylenko

Ukraine
10/04/2002 -
Ad litem

© *Zoran Lesic/ICTY*

Lal Chand Vohrah

Malaysia/*Malaisie*
17/11/1993 - 16/11/2001

© *Robert Goddyn*

Patricia M. Wald

United States of America/
États-Unis d'Amérique
17/11/1999 - 16/11/2001

© *Robert Goddyn*

Wang Tieya

China/*Chine*
17/11/1997 - 31/03/2000
✝12/01/2003

© *Raphael Gaillarde/Gamma-RPB*

Inés Mónica Weinberg de Roca

Argentina/*Argentine*
17/06/2003 -

© *Zoran Lesic/ICTY*

Sharon A. Williams

Canada
06/09/2001 - 17/10/2003
Ad litem

© *Zoran Lesic/ICTY*

Asoka de Zoysa Gunawardana

Sri Lanka
04/10/2001 - 05/07/2003

© *Zoran Lesic/ICTY*

Prosecutors

November 2004

Chronological order of mandates, from left to right and from top to bottom.

Ramon Escovar Salom

Venezuela
21/10/1993 - 03/02/1994

© Unknown

Louise Arbour

Canada
01/10/1996 - 15/09/1999

© Raphael Gaillarde/Gamma-RPB

Procureurs

Novembre 2004

Dans l'ordre chronologique des mandats, de gauche à droite et de haut en bas.

Richard J. Goldstone

South Africa/*Afrique du Sud*
15/08/1994 - 01/10/1996

© Raphael Gaillarde/Gamma-RPB

Carla Del Ponte

Switzerland/*Suisse*
15/09/1999 -

© Raphael Gaillarde/Gamma-RPB

Registrars

November 2004

Chronological order of mandates, from left to right and from top to bottom.

Theodor van Boven

The Netherlands/*Pays-Bas*
02/02/1994 - 31/12/1994

© Unknown

Hans Holthuis

The Netherlands/*Pays-Bas*
01/01/2001 -

© ICTY

Greffiers

Novembre 2004

Dans l'ordre chronologique des mandats, de gauche à droite et de haut en bas.

Dorothee de Sampayo Garrido-Nigh

The Netherlands/*Pays-Bas*
01/02/1995 - 13/12/2000

© ICTY